高校行政管理与执行力创新研究

胡芹龙　著

吉林人民出版社

图书在版编目（CIP）数据

高校行政管理与执行力创新研究 / 胡芹龙著 . -- 长春：吉林人民出版社，2023.3
ISBN 978-7-206-19824-3

Ⅰ . ①高… Ⅱ . ①胡… Ⅲ . ①高等学校—行政管理—研究—中国 Ⅳ . ① G647.2

中国国家版本馆 CIP 数据核字（2023）第 050486 号

责任编辑：刘　学
封面设计：皓　月

高校行政管理与执行力创新研究
GAOXIAO XINGZHENG GUANLI YU ZHIXINGLI CHUANGXIN YANJIU

著　　者：胡芹龙
出版发行：吉林人民出版社（长春市人民大街 7548 号　邮政编码：130022）
印　　刷：廊坊市海涛印刷有限公司
开　　本：787mm × 1092mm　　1/16
印　　张：8　　字　　数：139 千字
标准书号：ISBN 978-7-206-19824-3
版　　次：2023 年 3 月第 1 版　　印　　次：2023 年 3 月第 1 次印刷
定　　价：48.00 元

前言

高校是培养人才的基地，这不仅得益于教师的言传身教，还与行政管理人员的付出息息相关，因此，行政管理执行力也是高校良好运行的保障。行政管理人员是连接学生与高校、社会的纽带，并且可以协调高校各方面因素。高校行政管理是高校各项教育工作顺利开展的保障和基础。在新形势下，创新管理方式，提升管理执行力，是增强高校综合竞争力的重要途径之一。构建具备高效战略执行力、服务于高校可持续发展的高绩效行政管理系统，是高校科学发展的途径之一。

鉴于此，笔者撰写了《高校行政管理与执行力创新研究》一书。全书在内容编排上共设置八章：第一章作为本书的基础和前提，阐述研究背景与意义、研究方法与理论、研究的技术路线。第二章是高校行政管理的基本理论，内容涵盖行政管理的内涵与组织、高校行政管理的基本原理、高校行政管理的设计原则、高校行政管理的结构模式；第三章论述高校行政管理和执行力研究，内容涉及高校行政管理执行力的决策架构、影响因素、提升路径及高校行政管理的效率评价。第四、五章以高校行政管理的改革创新为依据，探讨高校行政管理决策面的改革创新、高校行政管理执行层面的改革创新。第六章阐述高校行政管理执行力的流程创新再造。第七章突出实践性，分别从高校行政管理执行力的决策水平、高校行政管理执行力的内部运行机制、高校行政管理执行力的主体素质提升、高校行政管理执行力提升的具体措施四个方面研究了高校行政管理执行力的保障措施。

本书结构科学，逻辑清晰，可读性强，理论分析具有创新性、实用性，能够适应我国建设区域性高水平大学的实际需要，让读者在学习基本方法和理论的同时注重实践，有助于推动高校行政管理与执行力创新研究。

笔者在撰写本书的过程中，吸收借鉴了前人的优秀研究成果，形成了自己的观点，也就一些有争议的问题请教了相关专家，以期能够为高校教学研究事业贡献自己的力量。由于笔者水平有限，加之时间仓促，书中所涉及的内容难免有疏漏之处，希望各位读者多提宝贵意见，以便笔者进一步修改，使之更加完善。

目录

第一章　绪论

第一节　研究背景与意义

一、研究背景

经济社会的快速发展，对高校的要求也在不断变化，因此我国高校行政管理体制也在不断改革。随着我国社会主义市场经济的发展，国家对高校的投入不断增加。另外，“行政管理学在目前被越来越多的人熟知，也有许多人去学习行政管理学。因此，我国的各大高校开始尝试研究一种对行政管理学的研究方法”[①]。

二、研究意义

开展高校管理执行力的研究，不仅具有重要的理论价值，而且具有重要的实践价值，具体内容如下：

第一，理论价值。具体分析了高校行政管理执行力的基本流程、理论框架、影响因素、改进措施，不仅能令高校行政管理执行力的理论研究变得更加丰富，而且还能为后来者的理论研究提供一些借鉴和参考。对高校行政管理执行力开展研究还有另一种理论上的价值，即对高校的行政管理者进行重新定位，使其为教学、科研以及科研成果转化服务的意识进一步提高。

第二，实践价值。高校行政管理的保障作用主要是通过其服务功能实现的。行政管理所涉及的内容非常庞杂，高校运行和管理中很多事务都与行政管理工作相关，高校具有共同的三项重要工作，即教学活动、科学研究以及科研成果转化，行政管理的最终目标是为这三项中心工作的顺利开展做好服务，其担负着行政组织和管理决策的重要责任。

① 马腾．行政管理学研究的社会方法探讨[J]．东方企业文化，2015（24）：208.

总而言之，行政管理的过程就是对各种资源进行充分利用的过程，让这些资源更加有效地促进教学活动的开展，促进科学研究的进行，促进科研成果的转化，充分利用组织协调和计划引导手段，集中各方面力量为教学活动、为科学研究、为科研成果转化提供更好的服务。行政管理工作的有效展开，在很大程度上代表着一个学校的办学水平，决定着一个学校的办学效益。因此，开展高校行政管理执行力研究对于进一步提升我国高校的行政管理执行力，不断降低高校行政管理的成本，提高高校行政管理的效率具有重要的指导意义。

第二节　研究方法与理论

一、研究方法

高校行政管理执行力的研究，可以采用以下研究方法：

第一，将定性与定量加以结合的研究方法。将定性与定量加以结合的研究方法不仅通过文字描述的形式展开研究，还致力于建立一套指标性的体系，并将这些指标进行具体量化，将定量与定性有机地结合起来。

第二，将理论同实践加以结合的研究方法。任何一种研究都需要采取理论与实践相结合的方法，所以在进行研究的过程中，研究人员不仅要搜集整理大量的资料以及文献，而且应深入实地开展调查研究，获得真实的第一手研究资料，使研究成果更具准确性。

第三，将宏观同微观加以结合的研究方法。可以选出一些具有代表性的高校开展相关的问卷调查活动，调查结果可以作为微观研究的依据。还可以区域内的高校为单位开展宏观性调研，以此为依据，寻找能够促进高校行政管理执行力提升的决策办法和机制。

第四，跨学科开展综合性的研究。随着科学的快速发展，现阶段不同学科间的界限不再像过去那样泾渭分明，在科学研究中会越来越多地采取多学科相结合的方式进行，涉及的学科包括经济学、教育学、管理学等，并且需要对这些学科理论进行整合和创新。

二、研究理论

（一）治理理论

高校治理是校园内外部利益相关主体共同参与高校重大事务决策的结构和过程。高校的治理包括了外部治理和内部治理，外部治理主要是处理高校与政府、社会之间的关系；内部治理是处理学校内部的管理者与教师、学生之间的关系。

在治理理论的解释框架下，高校是国家政策的现实执行者。高校要充分利用自身的优势，实现自主办学与管理自治，减少烦琐的行政工作，把重点放在做好教育工作上，为学生提供优质的教学服务。与此同时，在政府的监管下，高校积极贯彻发展方针，为学生提供优质的教育资源，协调好政府、社会、高校三方的合作关系，是教育改革发展的现实需求。在高校的发展过程中，各相关利益方应明晰责任，积极介入管理，并辅助高校决策，配合高校解决发展过程中遇到的各种问题。另外，应把学生、家长等作为学校的民主管理人员，在确定与教学工作和学生生活等相关的规则时，应广泛听取和接受学生及其家长的建议，积极构建利益协调与多元互助机制。

（二）行政组织理论

从管理学的角度来理解，行政是领导员工、组织员工、激励员工、控制员工的手段，以达成权力机关发布政策的目标与方针。行政与政治不同，行政是机构贯彻落实国家政策的方式。无论是企业性质的单位，还是事业性质的单位，包括妇联、工会等组织，都可以为了实现特定目标积极展开各种管理工作。

行政组织理论的代表人物是韦伯，他提出科层制行政组织理论，主要内容包括：①将组织活动细分给不同的人；②给每个职务以明确的权利以及义务；③根据职务要求进行培训；④管理者有明确的工资和升迁机会；⑤管理者严格执行规则与纪律；⑥管理以理性为指导，不带个人情感目标。

行政组织理论的主要特点有：①职能分工明确，等级制度严密；②业务的处理和传递均以书面文件为准；③组织内的所有职务均由受过专门训练的人员担任，一切职务和管理人员都是任命的，组织内的每一个人员都必须恪尽职守，遵守有关他的职责规定；④其组织方式追求理性和效率，组织利用其层级系统的权威、规范化和功能的专门化，使大规模复杂任务得以有效完成，行政管理由经验管理走向科学管理。

高校是集教育性、学术性、服务性、综合性于一体的组织，不仅要协调好与管理部门之间的关系，也要处理好内部的各院（系）之间的关系，更要服务好广大的学生群体，因此高校的行政管理事务繁杂多变，应用行政组织理论分析我国高校行政管理工作是十分必要的。

（三）委托代理理论

委托代理理论是指在非对称信息环境下，市场主体间的经济关系形成了激励与约束机制并存的委托代理关系。委托代理关系的本质是合同关系，此种特殊的合同是由一种或几种不同的主体按照自身的兴趣实施某种行为，并据此赋予特定决策权力的过程。在此合同中，积极的主体是委托人，消极的主体是代理人。对于契约形式，委托人具有主动设计的权利，代理人则只能被动地拒绝或者接受。

委托代理关系是由客户自行制定的报酬制度与契约合同，以促使代理人为委托人的权益采取行动。所以，激励兼容的情报机理是委托代理关系存在的基本问题。在无法观测的情况下，必须设计一种既能实现自身目标又能满足被授权方签署协议的方案，由此形成的制度被称为激励兼容的情报制度。

委托代理理论认为，在非对称性交易中，如果一项交易当事人的行为将会对对方的权益产生不利的后果，那么由此形成的关系就是委托代理关系。委托代理关系存在于各种组织和协作形式中，在我国高校中也极为普遍。我国公立高校和私立高校的部分经费来源于国家的财政资助和税收减免，这在某种程度上决定了高校的办学属性。在我国，涉及委托代理层次的关系主要包括以下内容：第一，公民与政府之间存在的委托代理关系。社会主义公有制是我国推行的主体经济形式。在我国，高校属于公民共有的公共教育资源。在公共服务环节，公民将公共资源交给政府经营和管理，从而产生了公民与政府的委托代理关系。第二，政府与高校领导之间存在的委托代理关系。政府以高校的名义向民众提供高等教育资源和服务，在这种委托代理关系中，政府充当委托人的角色，高校充当代理人的角色。第三，高校内部管理结构之间存在的委托代理关系。高校内部的管理机构和教研室之间、教研室与教师之间、行政主管与被管理人员之间等，都存在着委托代理关系。

（四）新公共管理理论

作为公共行政范式的创新性代表，新公共管理是当前我国公共行政领域的变革性运动。教育是培养个体走向社会化的重要途径。教育活动具有促进社会进步和维护社会存在的双重作用，与此同时，教育活动还可以满足个体的心理与精神需求。教育的功能决定了教育产品的性质：①只有满足了人类的发展需求，教育产品才具备“公共物品”的性质。“公共物品”是一种非竞争性、非排他性商品，“公共物品”的消费或使用，可以对任何人产生影响。②在提高个体的精神愉悦和心理满意度方面，教育产品又具有“私人物品”的性质。私人物品与公共物品相比，具有消费的排他属性。所以，与纯粹的公共物品或纯粹的私人物品相比，教育产品既不属于纯粹的公共物品，也不属于纯粹的私人物品，而是介于二者之间的“特殊混合产品”或“准公共物品”。

作为准公共物品的教育产品，由于具有公共物品的部分属性，在本质上属于高校内部高等教育管理的重要组成内容。在市场经济条件下，高校要取得更大的发展，必须通过改革组织结构、健全运作机制、提升运作效能，培育能够适应时代发展需求的高素质人才，这些都符合公共管理落实核心价值理念时对管理绩效的追逐行为。因此，运用新的公共管理学观点，对当前国内高校治理所面临的问题进行深入研究显得极为必要。

第三节　研究的技术路线

高校综合管理信息系统（Management Information Systems，简称 MIS）是复杂的有机统一系统。与相对简单的管理信息系统相比，高校综合管理信息系统表现出的聚合属性更加显著。分布在底层的数据处理系统（Data Processing System，简称 DPS），借助数据接口之间的有效连接，在信息平台上促成信息的加工与提炼、归纳与聚合，并引入管理决策模型和知识库模型，最终形成决策支持系统（Decision-making Support System，简称 DSS）的终端界面。由此可知，DSS 体系结构的实现与 MIS 和 DPS 密不可分。

在实施数字校园计划的过程中，要根据不同高校自身的特征和具体的情况，科学地选取最高效的建构方式和体系结构。高校的综合管理信息系统具有鲜明的复杂性和规模性。回顾国内外高校的数字化发展历史，从整体的角度来看，高校综合管理信息系统的整体结构体现了系统功能和数据信息之间存在的合理关系，此关系的稳定情况将影响综合管理信息系统的安全、有效运行。总体来说，高校综合管理信息系统主要包括以下内容：

一、独立式技术路线

“独立自主”是部分高校在构建“一体化综合管理信息系统”时所采用的常规模式。在建立综合管理信息系统初期，不少高校已经建立起了独立的运营管理体系。例如，人事、设备、财务甚至教务等方面。最行之有效的方法，是借助校内网将管理信息系统和事务处理系统连在一起，实现信息的共享、交换与传递。

在独立式集成综合管理信息系统的整体结构中，支持平台与处理事务的平台是最重要的内部平台。高校各部门普遍支持并认可综合管理信息系统的建设工作。不同管理系统共用的数据接口数量有限，产生矛盾的可能性较低，因此管理系统之间可以平稳共存。但是，正是由于业务数据的彼此独立，在信息架构方面通常很难实现真正意义上的信息综合。

二、集中式技术路线

目前，越来越多的高校正在认清独立式架构存在的缺陷，并逐渐地接受了集中式综合管理信息系统。集中式综合管理信息系统最显著的特征体现在数据信息的集中管理与共享。在集中式综合管理信息系统中，数据信息必须获得强有力的信息集成技术的支撑，并在“信息集管理”和“统计指标体系管理”模块中完成课题研究任务，这使得这项工作既艰巨又耗时。

随着网络存储技术的发展，近些年，新技术和新思路也不断引入高校的管理信息系统建设中来。“在教育领域整合信息技术，对于教育工作质量的进一步提高与效率的进一步加强会起到至关重要的影响，并且在现如今的高校教育工作体系中，信息技术也彰显出了一定的应用价值，利用信息技术开展高校行政管理工作可切实解决传统工作模式中存在的不良影响。”[①]

三、分布式技术路线

在独立式、集中式之后，一种可称为分布式的总体架构在一些高校中实现。分布式的总体架构将综合管理信息系统的各个数据库进行必要的逻辑分割和业务平台组合，并按业务平台需求聚合成多个数据库系统，再利用网络存储系统实现在校园网上的分布式部署。上海第二医科大学数字校园设计方案充分反映了分布

① 黄新．信息时代的高校行政管理研究 [J]. 公关世界，2022（6）：72.

式集成综合管理信息系统的整体结构。根据不同模块的性质与职能，其可以将不同类型的管理信息平台划分为办公自动化平台、业务管理平台和信息服务平台。比如，办公自动化平台的构建主要是为了满足高校文件流转的现实需求，资源数据库的共享，为高校内部各行政机关开发与管理校内信息资源库创造了条件，部分高校甚至在此基础上建设了校内的数据中心。按照功能对管理信息系统进行分组规划后，可以有效降低系统分析的复杂程度。办公自动化系统有利于高校的科学管理，在高校的经营管理平台上，将各个部门的商业资讯整合到信息资源平台上，利用信息化手段，可以方便地利用高校的数据进行加工与处理。

分析上述各综合管理信息系统的整体体系结构可以发现，高校综合管理信息系统的架构，既反映了我国高校综合管理信息系统技术的发展过程，又体现了我国高校信息化技术的发展趋势。因此，通过比对与分析以上总体架构的核心属性得出的结论表明，高校的办学规模大、办学实力强，可以采用集中式结构，而不能采用分布式结构。随着各种资源的不断融合，集中式体系结构越来越不适应新发展带来的新改变，但是此种架构的实用性和灵活性更加鲜明。所以，在高校集成体系结构的选取上，简单否认某种结构毫无必要，只有结合高校的实际需求和建设条件，才能构建理想的高校综合管理信息系统。

第二章 高校行政管理的基本理论

第一节 行政管理的内涵与组织

一、行政管理的本质内涵

（一）行政管理的产生过程

“要成为一名合格的行政管理者，不仅要有较强的管理能力，还要明白管理的本质是什么。”① 行政管理是基于人类获取物质生活资料、确保自身安全的需要而展开的有组织的社会行为，是人类共同劳动的产物。在多人从事的集体劳动条件下，为使获取物质生活资料的劳动能够有序进行，就必须进行组织与协调，这就是行政管理。因此，行政管理的产生具有客观必然性。这种客观必然性主要体现在以下三个方面：

第一，行政管理在生产高度社会化的条件下得到发展。在电脑技术与网络技术高度发达的信息时代，知识的作用日趋凸显。随着生产力的发展，各种实体组织与虚拟组织规模扩大，资源配置越来越复杂，物质生产与知识生产各环节的相互依赖性越来越强，这些都要求有更高水平和更大强度的行政管理与之相适应。行政管理在工业化、信息化条件下不断得到强化与发展。

第二，行政管理广泛适用于人类社会生活的各个领域。凡有人群生活的地方都需要行政管理。从工商企业到政府机关、事业单位及其他一切组织，从治国安邦到生产经营、社会生活，无不存在行政管理，无不需要行政管理，无不依赖行政管理。因此，行政管理具有普遍性。

第三，行政管理已成为现代社会极为重要的、不可或缺的社会机能。随着信

① 李毅．行政管理本质新探——基于对“理”和“利”的思考[J]. 现代经济信息，2016（24）：125.

息化时代的来临，人类文明的进步，社会的高度发达，行政管理作为不可或缺的社会机能，其作用日益显著。行政管理是保障社会秩序与经济秩序，合理配置资源，有效协调与指挥社会各类活动，开发人力资本，调动人的积极性，实现社会及各组织目标的关键性手段。

（二）行政管理的概念界定

行政管理包括“行政”与“管理”两个概念。正确认识行政与管理的关系，是理解行政管理内涵的关键。“行政”与“管理”在概念的内涵上有着明显的差异。“行政”内含“管理”的基本内容，是一种有着特殊形式和内容的“管理”。但“行政”不同于“管理”，“行政”是为了维持组织自身稳定和安全运转作出的有序化、条理化和制度化的行为选择，突出了组织的公平与公正；而“管理”则突出了组织运行的程序和效能。因此，行政不是简单的管理活动，其目标是追求公共利益，强调管理者所承担的社会责任。人们为了突出行政的管理特征，把行政与管理合起来使用，称之为“行政管理”。由此可见，“行政管理”一词，具有丰富的内涵。

所谓行政管理，就是通过决策、执行、组织、领导、协调、监督、控制诸环节，协调以人为中心的组织资源与职能活动，以有效的方式实现组织目标的社会活动。这一界定，主要包括以下含义：

第一，行政管理的主体，是指所有公共的或私人组织中具有管理职能与管理职责的机构、部门及其工作人员。它们既可以是公共管理主体，也可以是私人管理主体。

第二，行政管理的目的是实现组织目标。所有的行政管理行为，都是为实现组织目标服务的。

第三，实现行政管理目标的手段是决策、执行、组织、领导、协调、监督、控制。这是一切管理者在管理实践中都要履行的管理职能。

第四，行政管理的本质是协调。要实现管理目标，就必须使资源与职能活动协调，而执行行政管理职能的直接目标与结果就是使资源与活动协调。因此，所有的行政管理行为在本质上都是协调问题。

第五，行政管理的对象是以人为中心的组织资源与职能活动。一方面，强调管理的对象是各种组织资源与各种实现组织功能目标的职能活动；另一方面，强调了人是管理的核心要素，所有的资源与活动都是以人为中心的。而且，行政管理最重要的职能就是对人的管理。

（三）行政管理的显著特征

1. 行政管理和作业相区别

行政管理是与作业完全不同的两个概念，行政管理活动的内容也不同于具体的作业工作。产生这样区别的原因是：①行政管理活动和作业活动并存于一个组织之中，这是组织的特点与组织目标所决定的。虽然组织活动的成效性从直观上看，是通过作业活动效率的高低体现出来的，但是如果没有有效的行政协调，作业活动的效率和质量就会降低。②行政管理者与作业任务完成者的角色并非完全分离，有时，其角色是相互交叉的。如果不能将两者所扮演的角色很好地区别或互补，就会弱化行政管理职能，甚至使其陷入烦琐的作业事务之中。③组织中的作业活动一般有其特定的任务或定额，而对行政管理工作的检验和规范比较困难，主要是伴随着作业任务的完成或为保证作业任务完成的非定型化的行为或协调，通常为行政管理者本身所忽视。一般而言，如果作业工作是显性的话，则行政管理活动是隐性的，而隐性的东西发挥决定性的作用。

2. 行政管理和组织联系紧密

组织是社会生活中广泛存在的现象。任何组织，要保证组织的各种要素合理配置，从而实现组织目标，这就需要在组织中实施行政管理。“组织”是行政管理活动的“载体”，行政管理是组织中必不可少的活动。组织的目标，是一切组织管理的出发点和最终归宿，也是评价行政管理效能的基本依据。行政管理的目的性，最终要通过组织的运行才能有效实现。

所谓组织，就是为了达到特定目的，完成特定任务而结合在一起的人的群体，一般指具有法人资格的群体。组织可以因不同的标志而有不同的分类方法，较为普遍的是按组织的社会功能性质来划分：①政治组织，如政党、政府等；②经济组织，主要是工商企业，即以营利为目的，从事经济职能的组织，这是社会组织的主体；③文化组织，包括教育和各种文化事业单位等。以整个社会组织为对象进行行政管理的人，主要是组织的上级领导或社会组织的最高层管理者。而更多的行政管理者是以组织内部的要素或活动作为行政管理对象的。

社会组织内部的单位或部门是指在各种社会组织（独立法人）内部设置的各种单位或部门，既包括履行组织基本职能的各业务单位，又包括行使各种管理和服务职能的各种部门，它们不是独立的社会法人，只是社会组织内部半自治性的群体或组织。社会组织内部，除最高管理层以外的大部分行政管理者，都是以这类内部组织为对象进行管理的。

3. 行政管理活动具备创新性

创新，是判断行政管理活动是否有效的基础。行政管理的创新性，是指行政管理本身是一种不断变革、不断创新的社会活动。通过行政管理的变革，推动社会和经济的发展，在一定条件下，还可以创造新的生产力，促进人类社会的进步。行政管理的创新性还在于行政管理是一种实践性很强的社会活动，研究行政管理活动中的一般规律不能脱离各类组织运行的现实状况。

而以行政管理为主要研究对象的行政管理学是为行政管理者提供从事行政管理的理论、原则和方法的实用性学科，这些共同的原理、原则和方法，是实践经验的总结和提炼。同时，行政管理的理论只有和行政管理实践结合起来，才能真正发挥这门学科的作用，换言之，行政管理科学的研究只有来源于实践，服务于实践，才具有生命力，才能不断发展。

（四）行政管理的系统要义

所谓行政管理系统，是指由相互联系、相互作用的若干要素和若干子系统，按照行政管理的整体功能和职能目标结合而成的有机整体。任何行政管理活动都是一个系统，行政管理者应有系统的观念，从整体的角度来看，用联系的观点来观察、分析和解决行政管理活动中的实际问题。行政管理系统作为一个科学的概念，包括以下含义：

第一，行政管理系统是由若干要素构成的，这些要素可以看作是行政管理系统的子系统，而且这些要素之间是相互联系、相互作用的。

第二，行政管理系统是一个层次结构。其系统内部，可划分为若干子系统，组成有序的、密不可分的结构；而在系统外部，任何行政管理系统都是更大的社会系统的子系统。

第三，行政管理系统是一个整体，具有整体功能，即行政管理系统存在的价值，在于其管理功能的大小。而任何一个子系统，都是为实现行政管理的整体功能和组织目标服务的。

总而言之，行政管理的主要系统一般由行政管理目标、行政管理主体、行政管理对象、行政管理机制与方法、行政管理环境等要素构成。

二、行政管理的组织系统

（一）行政组织结构的特征和类别

行政组织结构是指构成行政组织各要素的排列组合方式。具体而言，就是行政组织各机关、各部门及各层次之间，为进行事务管理而建立起来的一种相互关系模式。行政组织结构是由纵向结构和横向结构交叉而成的。任何组织，无论是自然组织还是社会组织，都有一定的结构形式。结构不同，组织的功能也不同。因为组织的功能不但取决于其构成要素，更取决于其构成要素之间的结构方式。组织要素相同，但结构不同，组织的功能就会存在很大的差别。研究行政组织结构的目的，就在于优化组织结构，以更好地发挥组织功能。

1. 行政组织结构的主要特性

行政组织结构与其他社会组织结构相比，具有以下特性：

（1）稳定性。行政组织作为人类社会最为庞大的组织之一，管理着人类社会中所有的公共事务，因而，它对社会公众的生产和生活会产生直接或间接的影响，它既关系着社会公众的生命财产安全，也影响着社会公众的饮食起居等日常琐事。行政组织不稳定，将会对人们的生产和生活造成灾难性的影响。所以，行政组织必须具有稳定性。同时，人类在社会实践中也一直在努力地维护行政组织的稳定性。因此，无论是革命还是革新，行政组织的稳定性是最重要的。

（2）开放性。行政组织作为一个组织实体，是存在于一定的自然环境和社会环境之中的，它必然要与外界发生各种联系。因此，行政组织要保证良性发展，就必须开放，实现与外界的充分联系。

（3）体系性。行政组织结构是一个完整的体系。一般而言，行政组织结构呈金字塔形，从上而下辐射，按不同层级、不同职能进行划分，形成一个纵横交织、具有隶属和制约关系的权责分配体系。

2. 行政组织结构的组成类别

（1）直线制组织结构。直线制组织结构最早在军事组织中产生，其特点是：将组织的各种职位按相互垂直的直线排列，组织指令是按照垂直方向从组织的最高层次向最低层次自上而下地传达和贯彻；各级主管人员对所属的一切事务全面负责；一个下属只服从于一个上级的指挥，其工作只对上级负责。因此，它是一种以行政首长完全行使行政权力作为组织动力和以指挥—服从关系为特征的组织结构模式。这种组织结构的优点是权力集中，命令统一，决策迅速。但是，由于权力高度集中，同一层次上所有的管理职能都由一人承担，因而容易造成行政领导顾此失彼。这种组织内部没有专业化的管理分工，它适合于政务比较单一、内部分工简单、管理层次较低的组织。

（2）职能制组织结构。职能制组织结构主要表现为：在各级行政首长领导下，按专业分工设置管理部门；各部门在其业务范围内有权向下级发布命令和下达指示；下级要服从上级主管人员的指挥，也要听从各职能部门的指挥。这种组织结构的特点是：各级行政领导都设有其直接管理的相应的职能机构，各职能机构在自己的业务范围内有权直接管辖、指挥下级单位。

职能制组织结构的优点为：能适应日趋细致的社会分工和日益复杂的生产技术，能充分发挥职能机构和专业管理部门的作用，使各职能部门能够对下级的工作进行有效的指导，并且有利于减轻直线主管人员的负担，使他们集中全力于组织的战略规划等宏观问题。

（3）直线职能制组织结构。直线职能制组织结构是在直线制组织结构和职能制组织结构相结合的基础上形成的。其特点是行政领导的统一指挥和专业职能部门的管理相结合。一方面，它按照组织的任务和管理职能划分部门、设置机构，实行专业分工，加强行业管理；另一方面，这类组织将管理部门和管理人员分为两类：一是直线指挥机构及其管理人员，二是职能机构及其管理人员。直线指挥机构的管理人员在自己的职权范围内有指挥和命令的权力，对自己范围内的工作承担全部责任，而职能机构的管理人员通常为直线指挥机构管理人员的参谋，这些人员对下级机构只有业务指导的义务，而没有决策权和指挥权。

直线职能制组织结构吸收了直线制组织结构和职能制组织结构的优点，克服了两者的缺点，是前两种组织结构优势的综合和发展，在实践中被广泛应用。但这种模式也不是尽善尽美的，它的不足之一是各职能部门的横向联系薄弱；另外，由于没有直接指挥和命令的权力，各职能部门的工作人员经常陷入请示和汇报之中。

总而言之，不论管理者为他们的组织选择了何种结构设计，这一设计都应该能帮助员工们以他们所能做到的最好方式最有效率地完成工作。毕竟，结构是实现目标的手段，结构设计要能够帮助而不是阻碍组织成员有效地开展工作。

（二）非正式组织的内容和策略

在传统行政管理研究中，总是把行政组织研究的着眼点放在正式组织上。所谓正式组织，是指具有一定的组织目标，并依照法律（法规）或一定的规章制度和权责体系建立起来的行政组织。但是，任何一个机构里，在正式的法定关系掩盖下都存在着大量更为复杂的社会关系体系——非正式组织。

非正式组织，是指在社会组织中因人与人之间的非正式交互行为而形成的社会关系网。它并非遵循法定程序建立起来的系统，而是基于人与社会的关系所建立的交往系统。在这个组织中，自然形成一种行为准则或惯例要求个人服从。非正式组织对于生产效率、工作满意度都具有较大的影响。无论正式的还是非正式的组织系统，对于一个团体的活动都是不可或缺的。

1. 非正式组织类别

（1）按性质分类，非正式组织主要包括以下方面：

第一，感情型。群体的成员在较多的社会往来中，相互了解，相互支持，感情融洽。这一类型以亲密的感情为基础，例如校友、师兄弟等。

第二，兴趣型。群体的成员由于某种兴趣爱好而结合在一起，如打球、下棋、钓鱼、钻研技术等。这一类型以共同的兴趣为基础。

第三，利益型。群体的成员由于某种共同的利益关系而结合在一起，例如，为办事方便而结合，或为了对抗其他群体而结合。

（2）按成员构成分类，非正式组织主要包括以下方面：

第一，纵的非正式组织。纵的非正式组织是指在同一组织内由不同地位的人员所组成的非正式群体。在这种群体中，下级人员对上级可能十分听从。

第二，横的非正式组织。横的非正式组织是指在同一组织内不同部门地位相当的人员形成的非正式群体。参加这样的非正式群体，可能是为了维护本身的利益，也可能是为了取长补短、做好工作。

第三，混合交错的非正式组织。混合交错的非正式组织由不同部门、不同地位、不同工作环境的人员组成，其成员之间有共同的兴趣爱好。

第四，亲缘型的非正式组织。亲缘型非正式组织是指因社会亲属关系而组成的非正式群体。

（3）按效应分类，非正式组织主要包括：第一，积极型。积极型是指对正式组织工作起到积极作用的非正式群体。第二，消极型。消极型是指对正式组织工作起到消极作用的非正式群体。

2. 非正式组织特征

（1）组织形式上的非法定性。正式组织一般是通过法定程序设立的，而非正式组织则是在相互认可的前提下，自然、自愿形成的，它无组织结构，无法定领导，内部关系不受正式法令和纪律支配，而是以约定俗成的道德规范、社会惯例和舆论等加以维持和调整。所以，非正式组织表现出了较大的不稳定性。

（2）组织类别上的共生性。任何正式组织中都有非正式组织的存在，两者常是相伴而存。例如，在正式组织成立之前，要经过非正式组织的酝酿，非正式组织对正式组织会产生直接的影响；而正式组织的成立，又常成为非正式组织形成的最大原因。

（3）成员背景的共同性。非正式组织成员在文化背景上比较相近，兴趣爱好比较相投，有共同语言，能够产生思想共鸣，社会地位一般也没有较悬殊的差距，常以彼此间的认同感或友谊作为联系的纽带。

（4）表现方式上的隐蔽性。非正式组织是一种幕后组织，它通常隐藏在正式组织的背后。此外，存在于非正式组织中的规则并不具有权威性，它只是一种约定俗成的规则而已。

（5）人员构成上的不确定性。在非正式组织中，共同性质较一致的人构成其核心，其他人构成边缘部分并呈游离状态。当出现强烈的外部刺激时，非正式组织可能会迅速分化，也可能会更加一致。

（6）组织行为上的激烈性。在非正式组织内部总会产生一些公认的行为规范，成员如有违背必定会引起他人的不满，受到他人谴责。当非正式组织在共同意识或利益上受到来自外部的损害时，其成员可能会采用激烈的、突发的、强硬的方式来维护既得利益。

（7）领导人物的天然性。非正式组织中领导人物的产生与形成由多种因素决定，诸如年龄、资历、技术能力、工作地位、品德修养等，其对组织的影响、号召和制约不是法定的权力，而是其个人的影响力、感召力和人格的魅力。

（8）组织效用上的双重性。非正式组织像正式组织一样，也是一把双刃剑。运用得好，它可以转化为促成组织目标实现的积极力量；运用得不好，它就有可能成为影响正式组织之权威的消极力量。

3. 非正式组织的正负功能

（1）非正式组织的正向功能。非正式组织的正向功能包括：①制衡正式组织的首长使用权力；②为成员提供倾诉和发泄情绪的机会，疏通矛盾；③有助于了解正式组织所不易了解的各种信息，有利于领导工作的进行；④弥补正式组织因计划、规范、程序等规定性所产生的不足；⑤促进内部团结，协调人际关系，融洽工作气氛；⑥扩大信息交流，促进意见和情感沟通，加强联系；⑦满足员工的归属感、自尊感、社交需要，使之得到心理上的安慰。

（2）非正式组织的负向功能。非正式组织的负向功能主要包括：①与正式组织的目标不一致，阻碍正式组织目标的实现；②倡导小团体主义，反对、抵制正式组织的工作；③无原则地吹捧或攻击，破坏正式组织的正常工作；④破坏正式组织的内部团结；⑤削弱成员的工作责任感和进取心；⑥是谣言的传播体；⑦增加了领导工作的随机性因素。

4．非正式组织管理方法

如何正确对待非正式组织是组织管理中面临的一项重要挑战。为此，要采取有效的管理方法，以充分发挥非正式组织的积极作用，主要包括以下方面：

（1）要正视非正式组织的存在。正视非正式组织的同时，也不可放任不管，否则可能阻碍组织职能的发挥。

（2）积极引导非正式组织的活动。要善于利用正式渠道以外的沟通，加强与非正式组织的联系，对其成员构成、思想倾向、核心人物、产生原因和行为目标做到心中有数，并在此基础上，因势利导，寻求非正式组织与正式组织目标的一致。

（3）控制非正式组织的核心人物。非正式组织的领导人物具有很高的威信和很大的影响力，有效引导他们的行为可以对其他成员的行为起到导向作用。

第二节　高校行政管理的基本原理

行政管理的理论基础是人们在长期的行政管理实践基础上，在对行政现象、行政过程和行政行为的研究中，对行政管理活动基本规律的认识不断升华形成的基本理论和原则。掌握行政管理的理论基础对于做好高校行政管理工作具有普遍的指导意义。

一、人本原理

（一）人本原理的基本要求

人本原理是以人为本的原理，要求人们在管理活动中坚持一切以人为核心，以人的权利为根本，强调人的主观能动性，力求实现人的全面、自由发展。人本原理的实质就是充分肯定人在管理活动中的主体地位和作用，它不是把人看作与其他要素同等排列的要素之一，而是强调人在整个管理系统中的主宰，其他要素如财、物、时间、技术、信息等只有为人所掌握，为人所利用，才能产生价值。人本原理的基本要求如下：

第一，看重人。人是一切事物中最宝贵的、最重要的，有了人一切皆有可能。因此，必须看重人、尊重人、爱护人。

第二，依靠人。价值是靠人创造的，服务是靠人提供的，目标是靠人实现的。靠人，就必须采取有力措施，调动人的积极性、主动性和创造性。

第三，为了人。我们所做的一切都是为了人的生存、成长和发展，这是任何组织的首要目标。因为只有有了人的生存、成长和发展，才能带来组织的生存、成长和发展，从行政管理角度来看说，人本原理就是以人为中心。

（二）人本原理的应用原则

第一，能级对应原则。能指人的能力，级指职位的等级。能级对应要求必须任人唯贤，能级对应原则就是指在人力资源管理中，要讲求能与级的对应，根据人的能力来安排职位以及工作，使人尽其才，才尽其用。

第二，动力激励原则。动力激发人产生行为。科学地设置各种动力和激励措施，才能把成员的单个力量汇集成组织力量，从而实现组织目标。这就是动力激励原则。一般而言，动力包括物质动力、精神动力和信息动力。而激励措施即激励制度，是关于动力类型的选配、激励时机的确定、激励量的确定等有关事项的规定。

第三，人才开发原则。人才开发是指将人的智慧、知识、才干作为一种资源加以发掘、培养，以便促进人才本身素质的提高和更加合理的使用。高校人才开发包括：挖掘高校人才、培育高校人才。人才开发原则把人才开发或者人才培育放在首位，即从现有人才资源中发现有能力的人，进行培养、训练，从而提高学生的学业水平。

开发人才有两个支点：①提升其智力；②激发其活力。开发人才的方式大概有三大类：①培养性开发；②使用性开发；③政策性开发。

二、系统原理

（一）系统原理的基本要求

系统是指由若干要素按一定结构相互联系组成的具有特定功能的统一体。它处于更大的系统中，与相关系统有输入输出关系。系统具有目的性、整体性和层次性三个特征。系统原理是指行政管理对象和行政管理活动等都是一个系统，应该而且必须运用系统理论的观点和方法进行系统分析，从系统的角度开展和评价高校行政管理工作。系统原理的要求如下：

第一，必须保持系统目的一致性。每个系统都必须有明确的目的；系统内部可分为若干个子系统，子系统的建立和目标设置必须与系统保持一致。

第二，必须保持系统的关联性。系统是一个由若干个子系统或要素构成的整体，这些子系统或要素之间必须建立合理的结构，使之紧密联结，统一行动。

第三，必须保持系统各层功能的完整性。系统有一定层次结构，各层系统都有各自的功能，要明确各层的任务、职责、权限等，以保证其功能的充分发挥。

第四，必须保持系统与环境的适应性。系统都是开放的，都处在一定的环境之中，同时对环境产生影响，只有与环境协调一致，才能生存和发展。

（二）系统原理的应用原则

第一，整分合原则。整分合原则就是从系统的角度出发，做到整体把握、科学分解、组织综合。在行政管理工作中，把任何管理对象、问题，都视为一个复杂的社会组织系统。从整体上把握系统的环境，分析系统的整体性质、功能，确定出总体目标；围绕总目标，进行多方面的合理分解、分工，以构成系统的结构与体系；在分工之后，要对各要素、环节、部分及其活动进行系统综合，协调高校管理，形成合理的系统流通构成，从而实现总目标。

第二，相对封闭原则。在高校行政管理活动中，必须在对外开放的前提下，对内采取封闭性的管理，使得内部各个环节、部分有序衔接、首尾相连，形成环路，从而构成一个完整无缺、有去有回、有进有出的过程环流，使各部分连为一体，相互联系，相互促进，以完成整体目标。这就是现代高校管理的相对封闭原则，其包括机构设置的相对封闭、高校管理活动过程的相对封闭、管理制度的相对封闭、信息系统的相对封闭等。

三、动态原理

（一）动态原理的基本要求

物质是运动的，运动是绝对的。动态原理是指高校行政管理的对象、目标、环境等都是发展变化的，不能一成不变地看待它们，要根据行政管理内部和外部情况的变化，及时地调整高校行政管理的理念、手段和方法，因地因时制宜。动态原理的要求如下：

第一，坚持权变管理。权变管理则是指管理者根据组织的内部条件和外部环境来确定其管理思想和管理方法，以实现有效管理，就是因事制宜、因人制宜、因势制宜，根据条件变化，随机应变。

第二，注重信息管理。即充分发挥信息作用，建立健全完善的信息系统，及时、全面地搜集信息，精确、科学地加工信息，迅速、完整地传递信息，安全、有效地储存信息。

第三，实行创新管理。动态即发展，创新是发展之根本。高校创新管理就是构建创新体系和创新文化，创新体系主要包括观念创新、技术创新和管理创新等；创新文化指保证创新有效进行的制度和实施。

（二）动态原理的应用原则

第一，弹性原则。从管理系统的角度，弹性原则是指管理在客观环境作用下为达到管理目标的应变能力。遵循弹性原则，就是在制订的计划与对策中必须留有充分的余地，以适应或应对在执行过程中出现的变化。

第二，反馈原则。反馈是控制论的一个概念，指系统中被控制对象对控制机构的反作用，并且这种反作用影响到这个系统的实施过程或结果。把握事物的动态关键就在于有灵敏、准确、迅速的反馈。成功的高效的高校行政管理，就是在不断地决策、执行、反馈、再决策、再执行、再反馈，在如此无穷尽的螺旋式上升中不断改进、完善，不断提高水平。

四、法治原理

（一）法治原理的基本要求

法治是国家治理体系和治理能力的重要依托，必须坚持在法治轨道上推进国家治理体系和治理能力现代化。法治原理，又称依法行政的原理，是指行政机关必须依法设立和取得行政权力，依法行使其行政权力和开展行政行为，并对其行政行为的后果承担相应的法律责任。依法行政是法治国家、法治政府的必然选择，是保护广大群众的根本权益的必然选择，是提升政府形象、提高行政效率、取信于民的必然选择。

第一，法治原理的基本内容包括：一切行政权力来自法律，行政机关不得自己创设任何权力；一切行政行为必须具有法律依据，否则无效；一切行政行为必须接受法律的监督，违法要承担相应的法律责任。

第二，法治原理的要求。法治原理的要求包括：一是诚实守信。诚实即忠诚老实，不做假，不欺人；守信就是讲信用，讲信誉，信守承诺。二是高效便民。行政机关要依法高效率、高效益地行使职权，更大程度地方便人民群众。三是权责统一。行政机关的职权实际上是其义务和责任，必须积极依法履行，不得放弃。

四是合法行政。即行政行为必须有法律依据，必须符合法律的规定，无明文规定不得为之。五是合理行政。行政权力的行使必须客观、适度，公平、公正，符合理性和法的基本精神。六是程序正当。指程序的中立、理性、排他、可操作、平等参与、自治、及时终结和公开。

（二）法治原理的应用原则

1．法律优先原则

法律优先原则是指行政机关的一切行政行为，无论抽象行为还是具体行政行为，无论是行政行为的内容还是行政行为的程序，都要与现有的法律规范相一致，不得与之相抵触或违背。

法律优先原则强调的是：只要在这个事项方面存在有效的法律规定，那么行政机关的行政行为必须遵循其法律规定，严格禁止不遵循或偏离法律规范的规定。法律优先原则的前提条件是“有明文的法律规定”，因而又被称为“消极的依法行政原则”。

2．法律保留原则

法律保留原则是指在法律缺位情况下，行政机关的行政行为必须获得法律的授权才能实施。法律保留原则强调的是：有了法律的授权就可实施行政行为，包括行政立法行为，因此又被称为“积极的依法行政原则”。需要注意的是，这里的法律是指狭义的法律，而不是泛指的法律规范。

3．比例原则

比例原则是指行政目标和实现该目标所采取的手段之间应具有客观的对称性，兼顾行政目标的实现和保护相对人的权益，如果行政目标的实现可能对相对人的权益造成不利影响，则这种不利影响应被限制在尽可能小的范围和限度之内。

比例原则的具体内容包括：①妥当性，指所采取的手段可以实现行政目标；②必要性，指没有其他给相对人造成损害更少的手段；③相称性，所采取手段的程度与行政目标的结果相称。这也即狭义的比例原则，强调实施行政行为时，给相对人所造成的损害不得超过行政目标所追求的公益结果。

4．信赖保护原则

信赖保护原则体现了现代法治的本质精神，是社会发展到一定阶段的产物，其具有鲜明的民主特质和时代特征。公民个人或社会组织的行为是基于对政府行为的信赖而做出的，那么这种对行政权力的正当合理信赖应当予以保护。行政机关应恪守信用，不得擅自改变已生效的行政行为，确需改变行政行为的，对于由此给相对人造成的损失应当给予补偿。这就是信赖保护原则。

信赖保护主要包括：①行政相对人基于对行政机关行政行为的信赖而做出的行为应当受到保护；②行政相对人因行政机关的行政行为而获得的利益应当受到保护；③由于行政机关对相对人受益行为而给第三人带来的利益也应当受到保护。

第三节　高校行政管理的设计原则

“高校发展的过程中，行政管理工作始终发挥着巨大的作用，无论是为高校领导建言献策，还是帮助学生解决困难，都能及时处理。”[①] 因此做好高校行政管理的设计需要遵循一定的原则。

一、目标一致原则

高校行政管理应该首先考虑实现任务与特定目标，所以，设置行政管理系统时，应该以实现管理目标为前提。现代的行政管理是一个非常复杂的系统，系统内部所有的参与成员都应该为实现整体目标而努力。具体来说，人们在设计高校的行政管理时，要确保有关目标能够统一地展现高校的行政管理目标，同时把高校的行政管理目标转变成行政组织的管理目标；并以此为基础，把行政组织总的管理目标划分成所有行政组织机构的小目标，比如科研、人事和教学的目标等，还要贯彻目标一致原则，对所有层次行政组织机构的管理目标体系进行优化，让所有层次行政组织机构的目标保持一致。

二、责权对应原则

责权对应原则是把机构建立起来，将高校部门的职能作用充分发挥出来，实现彼此协调的本质问题。人们在设置行政组织机构的时候应该确保权责一致，使得权力和责任能协调一致，进而展开高效的工作。所有行政组织机构的职责范围与权力界限都非常明确，是有效统一责任与权力的方法，这样不仅能保证充分履

① 王辉.大数据环境下中小型高校行政管理平台的设计与实现[J].网络安全技术与应用，2017(11)：103.

行对应职责时的权力边界，又能保证履行职责时合适的、不可缺少的权力边界，因此要增强考核和监督力度，让所有的职能部门工作时都能依据责权的要求，把工作的效率提起来。

三、分工协作原则

组织机构是人们为了完成共同的任务而让机构里的全体高校成员共同合作的方式，这种方式不仅要规定所有组织之间、所有成员之间的职务分工，还要明确每个机构和每个人承担的责任。高校组织承担的任务与活动中，很多内容都有非常强的综合性，凭借一个人或者一个组织机构很难完成，如果经常有边界不清晰的任务与活动，但又没有组织机构来完成，那么就需要把新的组织机构成立起来，让新的组织机构来完成。高校行政组织系统中，所有的组织机构之间如决策、执行、咨询和反馈系统等务必要做到协调统一和分工明确相融合。

四、精简高效原则

行政组织机构的设置是为了有效地管理高校，组织机构的设置应该高效和精简。如今科技给组织机构管理带来非常多的现代化方法，从而使得组织机构能够更好地融入飞快发展的信息社会。因此，一方面，高校在设置行政组织机构的时候，为了把管理的效率提高，应保证高质量、低数量。另一方面，高校还要充分考虑现实情况来设置行政组织机构，也就是说，行政组织机构拥有的职能可以组成学校的管理活动，人们务必要建立新的部门来协调与运行行政组织机构的职能，别的机构不能代替；行政组织机构的设置数量，应该充分考虑学校的教学过程、专业性质、规模和类型等，还要以机构工作任务的大小与类型为依据，设置一些不可缺少的职能机构。

五、管理优化原则

管理的幅度和层次在设置组织结构中是两个彼此制约、彼此联系的关键因素。组织结构的横向表现是管理的幅度，纵向表现是管理的层次。一般来说，管理幅度和层次之间的关系呈负相关，也就是说，管理幅度变大，管理层次就会减少，而管理幅度变小，管理层次就会扩大。相对应来说，管理层次扩大，管理幅度就会缩小，管理层次减少，管理幅度就会变大。高校的行政组织机构会使用哪种管理的幅度和层次，取决于高校的规模类型、人员素质、办学地点和机构任务等因素，所以，高校在设置行政组织机构的时候，需要以实际为依据。大学的行政组织机构具备双重属性，即大学的行政组织机构和内部组织机构，所以，大学设置行政组织机构既要对一般行政组织的设置原则保持遵循，又要与大学机构设置发展的逻辑相符合。

第一，设置大学的行政组织机构，应是大学组织的价值认同。学术价值是大学的核心价值，所以，大学管理的内部逻辑要求是弘扬学术理想，捍卫学术精神，这也是设置大学内部组织的价值原则。

第二，大学的行政组织机构应该是大学组织的功能确认。现代大学有三大功能，即社会服务、培养人才和科学研究，还有因此产生的其他功能。高校组织所有学术活动的共同构成要素是知识。让知识得到发展，传播深厚的学问，是大学的本质。大学的这部分功能集中展现了以知识为目的的大学组织功能，体现了大学的学术性。实现与保障大学组织功能的载体，是高校内部设置的组织机构。其中，实现大学功能的核心机构便是基层学术组织，其是必不可少的组织机构。行政组织机构应该将宗旨确立为实现大学的组织功能，发挥好自己对大学组织功能的辅助和保障作用。

第三，设置大学的行政组织机构，应该把内部和外部环境因素之间的关系都协调好。大学是一个社会组织系统，组织机构设置和运行时，不仅会被自身的组织功能和组织属性等所干扰，还会被外界因素所干扰。在设置行政组织的时候，宏观角度的市场需要、高等教育管理的政策以及社会和经济的发展水平等，都会起到导向的作用。大学在设置行政组织的时候，应该协调好内部和外部的各种影响，保证行政组织能够高效地运行。

第四节　高校行政管理的结构模式

一、高校行政管理的决策结构模式

（一）渐进决策模式

政策的制定既是一个科学的过程，又是一个渐进发展的过程，是谨慎的步步试错的过程。行政决策者在进行决策时，应尊重历史，认真分析现行的政策方案，总结经验教训，然后再作出决策。

在一个行政生态相对稳定的社会里，该模式的效度相当高。但是，在急速变迁的社会里，渐进变迁便不能满足各种社会主体勃发的新需求。另外，渐进模式一味地企图化解冲突，维护现状，对于社会革新则显得无能为力，反映了一种消极的保守倾向。

（二）理性决策模式

理性决策模式的特点是在目标上追求最优化，但在现实中，决策者不可避免地要受到知识、能力、资源、时间及其他环境因素的限制，因此，难以具有完全的理性及认识能力，不可能作出最佳选择。理性决策模式是一种过于理想化的决策模式。理性决策模式可以分为无限理性决策模式与有限理性决策模式。

1. 无限理性决策模式

无限理性决策模式中，假定人是具备全能和全知理性的人，也就是说，决策者可以利用自己的理性认识能力，对全社会的价值重心有清晰的认识，能把实现目标的全部方案和后果都找出来，对所有决策方案的成本和收益的具体比重、所有方案的优点和缺点以及价值都有清楚的认知，可以将方案按照优劣排序，最后把最优秀的方案选出来。

2. 有限理性决策模式

实际生活中的一切决策，都以人类的有限理性为基础。原因有以下几点：

第一，人的知识是不完善的，始终会被客观因素以及自身的理解能力、主观认知所制约。决策者在理解政策问题和政策的环境时，不可能拥有完备的知识作为支撑。

第二，难以预测。决策是对未来的决策，选择方案的前提是对未来有所预测。因为公共的问题非常复杂、决策环境一直在变化，所以，一切预测都不可能是绝对正确的。

第三，有限的选择范围。决策主体以纯粹理性的需求为依据，在一切可能实现的方案中做选择与对比，但事实上，一切可能的方案中，人只能想到其中很少的几个方案。

第四，有效的时效性。虽然所有可能的方案都会被发现，所有方案的所有后果都会被预测到，但是这些都需要时间，行政决策者无法一直等待。由于决策也有时机要求，一旦错过好的时机，决策再好也于事无补。

决策者的理性是有限的，行政决策者只能尽全力找到备选方案中最满意的决策。所以，有限理性模式又名为满意模式。

二、高校行政管理的主要结构模式

高校行政管理的结构模式设置可以划分为直线制、职能制、直线—职能制、分权制与矩阵结构，这些结构各有特点。不同高校的行政管理结构形式不尽相同。高校行政管理的结构模式决定了组织中的管理层级和管理幅度，规定了行政管理的结构框架，包含了确保跨部门沟通、协作与力量整合的制度设计，也体现了高校管理中的权力配置与组织结构之间的张力。

第一，直线制：指的是组织机构的权力高度集中，整个机构的模式是垂直领导、从上到下的模式，中间不会设置职能机构来分权。这类模式是校长直接管理与领导全部事项，可能有个别的成员会辅助参与管理。这种模式的优点是有高度统一的权限和责任、获得信息很顺畅、下达的指令很明确、结构很简单，缺点是校长要亲自决策全部事项，如果事项非常复杂、范围过广时，校长则难以工作，效率很低，所以不适用于大规模的大学管理，有时会用于成人教育的高校中。

第二，职能制：指的是通过梳理组织机构中的职能，把所有匹配的职能部门与机构设置出来。部门与机构会替代校长实施管理的职能，并依据级别展开组织的模式。高校规模较大时，管理比较复杂，所有的管理都应该具备专门的管理知识，而校长一人并不能具备全部管理的专业知识，因此应该利用分权把所有的部门与职能机构设立出来，所有的部门与职能机构以校长的委托为依据，获得校长的权力，并完成校长应履行的职能。通常来看，所有的职能部门都有明确的层级，下级务必执行上级下达的命令与指示。由于此种模式的职能部门具有指挥的权力，所以又把职能部门叫作职能制组织机构。这种模式的优点是能让校长脱离繁忙、复杂的普通事务的指挥工作，以学校发展期间的重要事务为主要抓手，缺点是容易出现多头领导，可能会出现几个上级部门共同指挥同一个下级部门的现象，协调比较困难，甚至会产生几个上级部门的指令互相矛盾的现象。

第三，直线—职能制：指的是以直线制为前提，增加没有指挥权的职能管理人员与职能机构的模式。这类模式按照组织目标与管理的需求，把组织机构中所有层次的行政人员与管理机构分成两种，即没指挥权和有指挥权。没指挥权的职能管理人员与职能机构以直线制模式为依据，只充当助手与参谋机构，能对下级给予指导与建议，但是不能指挥与决策；有指挥权的职能管理人员与职能机构以职能制模式为依据，能直接指挥下级，履行自己部门的职责。这类模式的优点是不仅能为校长掌握权力、指挥事务提供保障，还能让校长利用职能机构的力量，采用分权的方法专业地管理某些业务与领域，有些大学采用这种模式，能提高自身的管理效率，如专业性很强的管理分工，大规模、业务多的大学。但缺点是所有职能机构没有清晰的职责，各个机构的权力会交叉到一起，有较多的协调工作，多头参与管理才能完成部分工作，这便容易产生效率低下、难以协调和权责不清的情况。目前，我国大学一般都使用这类模式，当出现重大的管理问题时则使用矩阵结构来解决。

第四，分权制：指的是在组织结构里分别设立了几个有单独责任与权力的分组织机构的模式。大学里，这类模式的表现是学校下设置学院、学院下设置系别，每个学院里都有明确的、相对独立的部门职责、领导权和决策权。如今，大学通常都会把部分权力分到学院中。这类模式适合用到学院事务很杂很多、多学科、大规模的大学中。该模式的优点很多，第一，能合理分解校长的有些权力，使得管理中心下移，让校长脱离了日常事务的影响，能将精力放到学校重大的方向性事务中；第二，降低校长的管理幅度，简化了校长直接指挥的机构与部门，提高办事效率；第三，通过使用被委托的权力，学院获得了相对的管理自主权，工作的创造性与积极性提高，学院的管理水平改善，能够促进发展与建设；第四，促进了各个学科的相互交叉发展，对边缘学科的发展有所帮助。

第五，矩阵结构：指的是在组织机构里，利用横向机构之间的联系，直接组合纵向下属机构的相关活动，产生与数学中的“矩阵”相接近的模式。在大学中，这类模式的表现是以校长为直接领导，设置各个系别的同时，可以把几个校长直接领导的中心设置出来，中心能以特定的任务为依据，把有关人员吸收进来，中心的负责人和以前部门的负责人都能领导中心，形成新型的领导关系。优点是把工作期间人的位置仅仅和单一固定岗位挂钩的束缚打破，能灵活地依据任务的需求安排人员，而不对人员进行大的调动，让学校完成横向和纵向的管理，与大学的很多现状相符合，如综合性的工作繁重、业务头绪很多、专业性很强等；缺点是几个部门负责人会直接领导中心成员，可能会导致部分工作上的矛盾，高层的管理人员应该协调好这一现象。

言而总之，我国高校行政组织机构几乎没有单一的结构模式，一般是某种模式为主，其他模式为辅，也体现了大学组织机构的多元性与复杂性。

第三章　高校行政管理和执行力研究

第一节　高校行政管理执行力的决策架构

在高校行政管理中，作为中心环节的科学决策，是实现高校管理功能的根基所在。同时对于高校行政管理执行效力而言，能否进行科学决策对于执行效力的高低有直接影响。所以必须要坚持科学高效的决策原则，采用正确的决策程序和方法，并且要建立健全完善的高校决策体系，以此确保高校行政决策的科学性。

一、高校行政决策的特点

决策，即人们面临某些待解决的问题，而进行制订计划方案的活动。行政决策作为决策的分支，指的是有着行政能力的行政主体为了履行自身职能以及达到政治目的而进行的制订、选定恰当方案的活动，但是不同于一般的管理决策，行政决策有着自身的突出特点。

第一，特定的决策主体。掌握高校行政权力的部门和个人是进行高校行政决策的主体。其中主要包括高校行政机构以及高校中各个二级学院、科研院以及其行政人员。

第二，单一的决策内容。在高校行政决策中，虽然有诸多决策内容，例如教学、科研等方面，但是由于其决策范围仅仅局限于学校之内，所以决策内容比较单一；决策内容通常也是学校内部的事务，并不会对国家或者与社会有关的事务进行决策。

第三，具有法律效力的决策依据。随着法律体系的不断健全完善，现代高校秉承依法治校的原则，在进行行政决策时必须按照国家的法律规定。同时，国家法规政策也对高校行政管理的各个方面作出相应规定。所以，在高校进行决策活动时，要遵法守法，严格按照法律规定办事，只有这样才能够办出一个高质量的学校。

第四，目的明确的决策活动。进行决策活动所消耗的资源也是非常庞大的，所以必须要有充足的资源支持。如果资源相对有限，那么决策就应该有着明确的目的性，而不是盲目地进行。只有这样，决策的质量和决策的科学性才能够提高。

第五，选择性的决策活动。决策活动是人类用理性思维进行选择的活动。所以在决定采用某一种方案时，要求有选择性，从不同类型的方案中挑选出最优方案。

第六，过程清晰的决策活动。整个决策过程的完成需要众多不同的环节参与，如搜集信息、目标确定、方案设计等。

二、高校行政决策的类型

第一，战略决策和策略决策。由于决策所导致的结果不同，我们通常将行政决策分为两大类：一是持续时间长、涉及范围广的战略决策，同时战略决策所涉及的问题都是较为重大的，例如有关学校的发展规划等问题。二是为了保障战略决策顺利实现而进行的策略决策。策略决策主要针对的是局部工作，策略决策可以根据战略目标需求进行部门资源调度。

第二，领导层决策、管理层决策和技术层决策。对于领导层决策而言，其主要是针对重大问题，例如全局性的重大决策或者与外部有关的重大问题；管理层决策的内容主要是对管理机构内部问题的决策，比如工作监督、任务分配等问题；技术层决策是以解决具体问题为目的而开展的决策活动。

第三，初始决策和追踪决策。由于决策有着不同的出发点，所以我们可以将决策分为两大类：一种是初始决策，另一种是追踪决策。初始决策是以对组织周围环境的某种认识为出发点，以此作为挑选活动方案的基础。而追踪决策是植根于初始决策之上，是以初始决策作为基础的，追踪决策的出现主要是因为周围环境的改变或者组织对于环境认识的转变，而对活动方案进行的调整和变更。

第四，确定型决策、不确定型决策和风险决策。由于决策方案可能会面临不同的条件，所以行政决策通常被划分为三类：一是确定型决策，即供挑选的方案和所提供的条件都是明确的，并且其对于各类方案产生的预期效果也是较为清晰明确的。所以在这种决策中，通常会借助数学模型或者计算机运算估测结果，进而将结果进行比较筛选，选择最优方案进行决策。二是不确定决策，即每种所供选择的方案会有两种或者两种以上的情况出现，同时其出现概率也并不是确定的。因此在这种决策中，有着许多不可控的因素，同时对于决策所造成的结果，决策者不能够完全掌控。所以在决策时，决策者完全是依靠自身经验积累和直觉进行决策的。三是风险决策，即所提供的每种方案中，都包含着两种以上情况，而且并不清楚哪一种情况将会发生，但是其发生概率是可以被测评的。所以在这种决策中，决策者对于未来的状况是一无所知的，每一种决策方案的背后都承担着风险。

第五，程序化决策和非程序化决策。根据不同决策目标的性质，通常将行政决策分为程序化决策和非程序化决策。对于重复出现的、有规律可循的问题进行决策，称之为程序化决策。对于毫无规律原则可循的、突然出现的问题进行决策是非程序化决策。所以，从两者中可以得出结论，非程序化决策更为复杂困难，也更需要较大的精力处理，所以领导者对于非程序化决策应该更为重视。

第二节 高校行政管理执行力的影响因素

第一，决策。决策是行政管理执行力的首要前提。行政管理执行是根据决策目标规定的各项工作要求，采取有效措施而开展的行政行为。这就要求行政决策目标和程序必须是合法正确的。首先，决策的制定必须严格以国家法律法规和政策为依据，必须符合国家经济和社会发展规划的要求；其次，决策必须由具有行政权的组织和个人，在法律规定的权限范围内进行，并严格遵循决策程序进行决策，既不越权，也不滥用职权；最后，决策必须符合事物发展的客观规律，切实可行。

第二，物质条件。任何行政管理执行都必须以一定的物质条件作为前提，没有物质条件，所有的行政管理执行都将失去意义。行政管理执行的物质条件主要包括物力、财力两个方面，即行政管理执行过程中所需的各种物质资料如办公用品、通信工具、交通工具、档案资料等必须具备；行政管理执行所需的资金已经落实、行政管理执行经费有保障等。

第三，组织措施。组织措施落实包括组织结构、人员配备、职位和权责的划分、通信联络系统、工作程序和办事制度等。组织功能是这一系列组织机制所发挥的整体作用和综合效应。组织措施落实，除应事先建立组织内各机制外，更主要的是先把组织内各机制、环节、要素连接成有机整体，并对其进行有效的指挥，协调其相互关系，使其按明确规定的工作程序和办事制度运行，从而产生整体的综合效应，这是行政管理执行快速、高效的组织保证。

第四，思想政治教育工作。调动行政工作人员的主观能动性，统一有效的行动是实现决策目标的先决条件。这是因为，现代行政管理的中心环节是人的管理，一是对管理者的管理；二是对被管理者的管理。履行行政管理执行职责，先要做好对管理者的管理问题。要求行政工作人员共同协作完成行政管理执行任务，一要正确理解和接受决策，自觉主动地去努力实现决策；二要充分发动、宣传、组织群众，使实现决策目标成为广大群众的自觉行动。没有这种通力合作，决策目标的制定、物质条件的创造和组织措施的落实就无从谈起。这是行政管理对管理者的一个目标要求，实现这个管理目标的关键是思想教育。加强对行政工作人员的思想政治教育工作至关重要。教育内容包括：决策目标教育，服务意识教育，社会责任感教育，主人翁的自觉性、主动性、创造性教育，等等。教育工作应贯穿于执行过程的始终。

第五，行政管理执行的权力。行政管理执行以行政权力为后盾，行政强制权和行政处罚权都是行政管理职权行使的权力保障。因此，为了有效地行使行政管理职权，保障法律、法规贯彻执行，必须保障特定行政部门的权力运行，以达到行政管理预期的决策目标。

第三节　高校行政管理执行力的提升路径

“执行力”是典型的现代管理理念，它多应用于各类社会组织的管理范畴之中。“行政管理执行力属于高校工作管理中的核心内容，行政人员执行力的高低直接影响高校事务运行效率。”[①] 在高校这一教育学术领域中，强化行政管理执行力是十分必要的，它不但能帮助教育管理者实现各项决策，还能将决策转化为实践动力，推动高校向前发展。

① 梁煜 . 高校行政管理执行力的提升路径研究 [J]. 福建茶叶，2019，41（9）：145.

一、高校行政管理执行力提升的阶段

（一）执行力提升的准备阶段

1. 编制实施计划阶段

由承担执行任务的主体根据所具备的条件，为达成行政决策的目标而制订的具体行动方案，即行政管理执行的实施计划。编制实施计划的主要工作内容包括：对决策整体目标进行分解；计算并筹划人力、物力、财力；确定实施步骤、方法及有关的制度、规定等。制订实施计划要做到以下方面：

（1）切合实际，积极可靠。对人、财、物的计算要具体精确，各项安排要具有较强的可操作性。

（2）要有灵活性，留有一定的变化调整余地。

（3）要顾及全面，统筹安排，能够前后衔接、左右平衡，切忌顾此失彼。

2. 做到“三落实”阶段

行政管理执行的准备阶段，除了要认真编制好实施计划之外，还必须从组织上、思想上和物资上做好充分的准备。“三落实”就是指对行政决策的实施要做到组织落实、思想落实、物资落实。

（1）组织落实，就是要把决策的执行明确落实到具体的机构和人员身上，并为此建立必要的管理制度。

（2）思想落实，就是要求行政管理执行的相关人员，包括领导、一般教师和学生，对执行任务的目的、意义、内容、做法等，都有充分的了解，形成必要的共识。

（3）物资落实，就是要求及时安排好行政管理执行所必需的材料、设备、经费等物件和资金。

（二）执行力提升的实施阶段

在行政管理执行阶段，实施管理是非常重要的一部分，这一阶段持续的时间最长，内容十分丰富，但也很复杂。实施阶段的组成部分主要包括行政管理工作的各个功能性环节，如行政指挥、协调、沟通、控制等。实施阶段各个环节的实施效率及最终的效果在很大程度上影响着整体执行过程，换句话说，为了实现行政管理执行的预期目标，必须抓好行政管理执行实施阶段的各个环节，努力提高每个环节的绩效。

1. 行政指挥

行政指挥在行政管理执行的过程中是不可或缺的环节，这一环节由行政领导者掌控，在执行行政管理时，行政领导者会按照预先制订的计划和目标将任务分配给员工，自己则负责整体调度和指导，由员工具体实施行政管理活动。

在行政管理执行过程中，行政指挥主要起到如下作用：①保护作用。行政指挥主要用于协调行政管理执行活动，使活动的各个环节步调一致，它也能促进行政资源的合理利用，从根本上保障行政决策目标的实现，使最终的结果质量更高。②推进作用。行政指挥的推进作用指的是能够高效率地完成行政决策。③效标作用。评价行政领导者是否具有高水平的决策能力和相应的领导能力，行政指挥是一个重要评价标准。

（1）行政指挥的原则。行政指挥具有的原则包括以下方面：

第一，指挥保持协调统一的原则。首先，行政指挥主体和直属下级之间是一一对应的关系，一个下级只需要听从一个行政指挥主体的命令；其次，指挥主体的指挥命令必须是统一的。

第二，行政指挥具有法律赋予的权威原则。行政指挥这一管理形式具有强制性，行政领导者只有具备强制力才能领导下属，使之服从命令。所以行政机关既要将行政职位交给行政指挥者，又要以法律的形式赋予其相应的权力，如指挥权、审批权、命名权等，而且要制定和谐统一的规章制度，并保证实施。

第三，果断有力原则。行政指挥者必须有坚定的毅力，对未来充满信心，工作中坚决果断，遇到困难要迎难而上，不屈不挠，镇定自若，确保每一项工作都高效率、高质量完成。

第四，准确权变原则。在执行行政管理的过程中，要真正贯彻落实行政决策，就必须在决策目标和决策标准的基础上做好每一项工作。

第五，合理授权原则。由上级将相应的权力和任务交给下级，下级在职权范围内可以自由处理事情。

（2）行政指挥的方式。指挥者采用何种方式将任务、命令下达给下属，就是行政指挥的方式。主要包括：①口头发布命令；②以书面的形式发布命令，指挥下属；③通过召开会议发布命令；④借助现代通信工具发布命令。借助现代通信工具下达命令也就是使用现代信息网络系统来指挥工作，具有很高的效率。

2. 行政沟通

行政沟通指的是在行政管理的过程中，行政组织和外部、行政组织内部各部门以及工作人员之间是信息交流和互动的关系。

行政沟通对行政管理来说至关重要，保证了行政组织内部的顺利运行，让行政机构更充满活力。所以对行政管理来说，行政沟通是必不可少的元素，其作用主要体现在以下几个方面：①行政管理执行各个环节的顺利进行都建立在行政沟通的基础上，行政沟通也极大地提高了行政管理的效率；②行政沟通可以促进决策的科学化和民主化，保证政府工作的公开透明，发扬社会主义公平正义，促进社会公平；③所有的行政人员都会参与行政沟通，通过沟通和谐内部关系，增强工作人员的信心，增强团队的凝聚力；④行政检查和监督也主要依靠行政沟通。

（1）行政沟通的分类。

第一，根据沟通是否确定，将行政沟通分为正式沟通和非正式沟通。正式沟通符合程序规定，严格按照组织的要求，是一种非常重要的沟通形式，它比较正式、官方，而且约束力很强，有严格的规章制度作为保障，具有稳定性；非正式沟通是采取正式的规章制度和组织之外的方式展开的沟通，如组织成员私下交流、互通信息等。

第二，根据沟通的线路，行政沟通可以分为单向沟通和双向沟通。单向沟通也叫无反馈沟通，沟通的双方一方要么只发送信息，要么只接收信息，不做任何反馈；双向沟通则是有反馈的，双方可以多次交流，直到达到双方都满意的结果。

第三，根据信息的流向，行政沟通可以分为下行沟通、上行沟通和平行沟通。下行沟通是上对下的沟通，上级将信息传递给下级；上行沟通与下行沟通相反，即下级将信息或意见汇报给上级，以便于上级及时了解下级的工作情况、工作中遇到的问题，向下级提出自己的建议；平行沟通是部门之间或同事之间的沟通。

第四，根据沟通时采用的工具，可以将行政沟通分为口头沟通、书面沟通和网上沟通。口头沟通也就是言语沟通，面对面谈话；书面沟通是采用书信或文字交流；网上沟通是借助互联网或多媒体平台沟通。

（2）完善行政沟通的方法。为了使行政沟通达到预期的目标，就需要为其扫清障碍，通过分析问题产生的原因、发展程度等，找到解决问题的方法。可以采取以下方法改善行政沟通：①不断提高行政人员的水平和个人素质；②建立健全相关规范，使行政沟通更合理化和合法化，确定沟通的目的；③行政沟通应该有反馈，同时对沟通的信息进行监督。

3．行政协调

行政协调指的是采取一定的方法使行政系统和行政环境之间保持和谐稳定

的关系，保证行政系统内部各部门、工作人员之间能够和谐相处，各环节顺利进行，彼此各司其职，相互合作，从而提高行政管理的效率，实现行政管理目标。

在行政运行的过程中，行政协调是必不可少的元素，也是行政管理的重要功能。行政协调是行政运行职能体系中的重要一部分，与组织、计划、指挥等相互配合，确保行政管理执行的顺利实施。之所以要进行行政协调，根本上是为了提高行政系统运行的整体效率，可以说行政协调是减少行政系统内部功能损耗的重要方式，保证了行政系统内部的稳定运行，使内部各部门各环节之间相辅相成，彼此合作，从整体上完善了行政系统的功能。

4. 行政控制

行政控制指行政领导者运用一定的控制手段，按照目标规范对行政决策的执行情况进行监督、检查，及时发现和纠正执行中的偏差，以确保实现行政目标的活动。

行政控制贯穿于行政管理执行全过程，其作用体现为：①行政控制是完成决策的重要手段；②行政控制是行政工作方向正确的重要保障；③行政控制是贯彻依法行政的重要体现；④行政控制是保证行政目标实现的重要机制。

（1）行政控制的类型。

第一，行政控制有不同的方式，据此可以将行政控制分为正式控制和非正式控制。正式控制具有强制性，是有组织、有计划的控制，由行政组织执行，受相关法律法规的保护。正式控制是最直接的控制，具有权威性和强制性的特点。非正式控制则不具有强制性，行政组织可以根据自身实际情况，采取合适的方式进行控制。当今社会，正式控制比非正式控制要多。但这并不意味着非正式控制就不重要，恰当运用非正式控制可以对正式控制起到辅助作用。

第二，行政控制可以借助外力，也可以不借助外力，据此可以将行政控制分为内在控制和外在控制。内在控制是自我实施的控制，即行政组织和内部成员按照相关规定自我约束和监督。外在控制则需要借助外力，如法律、规章制度、纪律等，通过外力来监督和约束内部成员。

第三，根据不同的实施时间，可以将行政控制分为预先控制、过程控制和成果控制。预先控制是在计划实施之前进行的，旨在为接下来的工作做准备，防患于未然，避免出现问题。过程控制在计划实施的过程中进行，用于了解掌握计划执行情况，一旦发现问题可以及时解决。成果控制用于检查行政实施的结果是否达到预先设定的目标，判断结果的准确性和可信度，如果发现问题还可以及时弥补。相比于预先控制和过程控制，成果控制并不针对当前任务的顺利实施，而是为接下来的工作开展提供保障。

（2）行政控制的过程。行政控制过程大体上可分为以下三个相互衔接的步骤：

第一，确定控制标准。行政控制从确定控制标准起步。控制标准是一系列工作评价和考核的规范和准则，在制定控制标准时要按照整体工作目标和计划。

第二，衡量最终的结果和效果。这一步骤要按照控制标准来衡量实际情况，同时对其进行客观评价，如果控制标准和实际情况有误差，要及时收集信息。

第三，采取措施纠正偏差。行政控制过程以纠正偏差收尾，这一环节至关重要，在对工作效果进行评估以后，要针对相关偏差和失误采取解决方法，及时弥补，使行政工作达到预期目标。

（三）执行力提升的总结阶段

总结阶段既是起点，也是终点，标志着行政管理执行活动的结束和新的行政管理执行活动的开始。一项行政管理执行活动结束后，要从整体上评估执行情况，总结取得的成就和经验，找到不足之处，确保下一项工作不会再出现同样的失误，使工作顺利进行。

1．工作总结的内容

高校工作总结一般都在决策目标实现之后进行。有些大的决策项目的完成需要较长时间，可划分为若干个阶段，分别做出阶段性的工作总结。一般而言，工作总结应包括以下方面内容：

（1）对行政管理执行任务的完成情况进行全面对照检查。看是否达成了目标，是否完成了任务，以及执行进度、经费支出、人员使用、机构效能等方面是否达到了预期要求。

（2）对行政管理执行的单位和人员进行实事求是的考核和奖惩。

（3）就行政管理执行情况提出经验教训，使之上升为理论认识，以提高今后工作的科学性。

2．总结工作的方法

（1）民主的、群众性的总结方法。充分发动参与执行的全校师生和相关人员参加总结，这样可以广开言路、博纳见闻、集思广益。

（2）自下而上和自上而下相结合的总结方法。在一般情况下，行政管理执行总结应自下而上地进行，即由基层执行单位先总结，上级部门再集中。但有时也需要自上而下的总结，给下级的总结作出指导。

（3）高校领导总结。高校领导总结更有利于高校领导干部掌握实情，取得经验，吸取教训，更好地发扬成绩，修正错误，以利再战。

二、高校行政管理执行力提升的途径

（一）提升行政决策的科学性

“行政管理执行力代表了高校的管理理念，它也是高校长期稳定发展的重要保障基础。”[①] 行政管理执行活动是为了实现决策方案，因此，行政决策质量直接关系到行政管理执行质量。一般而言，正确、科学的行政决策经过科学程序，采用科学的决策方法，充分重视和发挥了决策体制中信息机构、咨询机构的作用，遵循了科学决策原则和程序的行政决策，其内容正确、目标明确、科学性强。执行这样的决策便于调动执行者的热情和积极性；而且由于它本身切合实际，符合社会发展规律，深受各方面认同，执行起来阻碍相应要小。反之，科学性差甚至错误的决策，会动摇高校行政执行者的信心，受到各种因素的制约，执行起来困难就大，从而降低行政管理执行的质量。因此，提高行政决策的科学性是减少行政管理执行障碍的重要前提。

（二）设置合理的行政组织结构

我国许多高校行政部门在执行专门性和部门性决策时效率较高，但在执行涉及面较广泛的综合决策时通常配合与协调不足。因此，在设置行政组织结构时，应加强综合性部门的建设；同时，还必须强化高校各种部门的综合协调功能，使行政组织结构合理，形成一个运转协调的有机整体，以适应现代社会发展的要求。

（三）加强行政管理执行队伍的建设

高校行政执行人员素质的高低直接关系到决策执行的成效如何。加强高校行政管理执行队伍建设，要把握好三个重要环节：第一，严格按照标准和任务需要挑选合格人员，做到用人所长，充分发挥高校执行人员的优势，杜绝用人不当或滥竽充数的情况。第二，重视培养教育工作，要通过多种形式、多种渠道提高高校执行人员的基本素质，使他们在不断学习中充实自己，成为合格的执行人员。第三，注意人才的合理搭配，实现高校行政管理执行群体的结构优化，使高校行政执行人员的整体效应远远大于个体的简单相加，成为具有活力的群体。

---

① 冯丹．高校行政管理执行力的提升途径选择及探索 [J]. 管理观察，2016（22）：130.

（四）加紧行政管理执行的法治化进程

依法管理高校行政管理执行活动是现代社会发展的趋势，也是科学管理的内在要求。因此应当做到，第一，加强高校行政管理执行中各项法律规章的拟定工作，做到有法可依。第二，加强对高校行政管理执行中各项法规执行情况的监督检查，确保行政管理执行活动在法律规范的轨道运行。第三，通过严格的奖惩机制，做到执法必严。对于依法行政成效显著者要充分肯定并给予奖励。对于违法乱纪者做到违法必究，确保各项法规的权威性和严肃性。第四，大力开展校园法治宣传和法律普及工作，提高高校行政管理执行人员的法律意识和加强法律观念，不断消除长期自然经济条件下形成的“人治”观念的影响。

第四节　高校行政管理效率的评价探究

高校行政管理即高校为实现预期目标而通过设置机构、制定制度、优化措施等行政手段，发挥行政管理职能，协调、挖掘、利用校园资源为校园工作服务的过程。由此可见，高校行政管理工作的实际效果直接关系到高校的日常运作状态，甚至决定了高校发展战略能否顺利实现，所以对高校行政管理效率客观评价，并针对性优化，是高校校园建设的重要方面。

一、高校行政管理效率评价的原则

第一，客观性原则。行政管理效率评价要树立科学思想，运用科学方法，实事求是，客观公正。

第二，系统性原则。行政管理效率评价需要注重系统的理论与方法，考虑各方面的情况，照顾各种利益关系，注意政策运行整体功能和效果的分析评价。

第三，可比性原则。有比较才有鉴别。政策优劣，总是在比较后才能确定。行政管理效率评价的重要工作是对政策及其运行进行纵向的比较和横向的比较。

第四，导向性原则。行政管理效率评价对政策及其运行以至社会的发展都有一定的导向作用，因此，所选定的评价标准也应遵循导向性原则，以使行政管理效率评价服从和服务于一个国家的政治、经济、道德、文化和社会的发展。

第五，准确性原则。行政管理效率评价涉及事实的分析、价值的评判、正误责任的归属和利益关系的调整。因此，行政管理效率评价要力求科学准确，坚持原则性与灵活性、定量分析与定性分析相结合。

第六，实用性原则。行政管理效率评价的实践性非常强，因此，所选定的行政管理效率评价标准必须具有可操作性和实用性，要切合实际、大众化、简便易行。

二、高校行政管理效率评价的效果

行政管理执行的绩效就是高校行政管理执行后解决某一问题，满足工作对象的需求程度以及对政治系统、经济系统、社会系统及其环境产生影响的总称。高校行政管理效率评价的效果如下：

第一，行政管理执行的直接效果。直接效果是指对被执行对象直接发生作用的效果。

第二，行政管理执行的连带效果。连带效果是指行政管理执行可能对被执行对象以外的事物或人所产生的影响。

第三，行政管理执行的历时效果。历时效果是指行政管理执行影响的时间长短。

第四，行政管理执行的系统性影响。一项行政管理执行活动实施后，将通过社会的诸多联系对个人、团体造成初步与后续的影响，也会对整个社会系统产生影响。

三、高校行政管理效率评价的方法

由于高校行政管理执行内容的多样性，评价行政管理执行绩效的方法有很多。高校行政管理效率评价方法的选择取决于问题的性质和资料的可行性。在日常工作中，行政管理效率评价的方法主要包括：①直接质询法；②民意调查法；③标准衡量法；④历史比较法；⑤对象比较法；⑥案例类比法。

四、高校行政管理效率评价的程序

（一）准备阶段

（1）确定评价对象。确定评价对象是评价工作的第一步。确定高校行政管理效率评价对象的要求包括：①选择的评价对象必须有价值，能够通过评价达到预定的或可能的目的；②所选择的评价对象又必须是可以进行评价的，即从时机、人力、物力、财力方面均能满足评价所需要的基本条件。

（2）明确评价目的。明确评价目的，是确定为何要进行评价的问题。评价目的决定了行政管理执行效果评价的基本方向。

（3）选择评价标准。评价标准有一般标准，也有具体标准，有国外的标准，也有国内的标准，这就要根据情况作出适当的选择。

（4）培训评价人员。评价人员是行政管理效率评价系统构成要素中最主要的要素，其素质、专业化程度、评价态度、敬业精神、评价立场等都直接影响评价的质量。因此，培训和选择评价人员，提高他们的业务水平及其综合素质至关重要。

（5）评价方案的撰写。一个完整的评价方案应包括：①阐述评价对象；②明确评价的目的、意义和要求；③提出评价的基本设想，根据评价目标，确定评价的内容与范围；④确定评价标准、评价类型，并选择评价的具体方法；⑤写明评价的场所、时间，规定工作进度的有关计划；⑥写明评价经费的来源及筹措与使用等；⑦其他内容。

（二）方案实施

（1）采集评价信息。行政管理效率评价的过程，实际上是一个信息收集—整理—反馈—再收集—再整理—再反馈的过程。所以，信息的采集对评价十分重要，可以说是评价中一项基础性的工作。其主要任务是利用各种社会调查手段，全面收集行政管理执行的第一手资料。

（2）分析评价信息。分析评价信息阶段是对采集到的评价信息进行统计分析处理的阶段。由于采集所获得的信息都是原始数据，比较分散、杂乱，所以需要对其进行系统的整理、分类、统计、综合和分析。

（3）形成初步结论。在综合分析评价信息之后，紧接着就是要运用直接比较法、综合比较法、成本效益分析法、前后对比分析法或统计抽样分析法等具体的方法，给出一个初步的评价结论。

（三）总结阶段

第一，撰写评价报告。撰写评价报告是出成果的阶段，因此特别重要，要注意的内容包括：①对初步结论要再做一次简明扼要、提纲挈领的分析总结，然后给出一个正式的结论；②评价报告中，除了要写好价值判断部分外，还必须写好政策建议部分及整个评价工作的说明。

第二，总结评价工作。在撰写好评价报告之后，接下来就是对评价工作进行系统总结。总结是对本次评价活动进行一番全面回顾，评价工作中的优缺点，总结经验，吸取教训，为以后的高校行政管理效率评价活动奠定基础。这一阶段通常的做法是写工作报告。至此，高校行政管理效率评价工作全部结束。

第四章　高校行政管理决策面的改革创新

第一节　高校行政管理与行政决策的有效性

“在高校建设及发展中，需要积极做好行政管理工作，这也是确保教学、科研等工作顺利开展的基础与前提，能够为全校教职工打造良好的内部环境，从而促进高校的可持续发展。随着高校规模的逐步扩大，行政管理中遇到的挑战也在增多，如何保障工作有效性，成了当前工作人员面临的主要问题。”[①] 对于新时代下的学校行政管理工作而言，其内容涉猎是十分广泛而又具体的，在这种大环境下每一名管理者都必须要充分结合日常教学管理、财务管理、实习导入、娱乐活动和学生起居等方面进行研究与延伸，在关注学生行为与教师行为的同时，进行有效的行政决策落地。同时，通过制定科学、合理的行政决策来提升整个工作的管理水平，紧跟时代发展与社会用工需要，提升学生的综合学习能力。

一、高校行政决策在行政管理中的地位和重要性

高校行政决策作为行政管理活动中的重要环节，其正确与否直接影响和决定行政管理工作的成败。如果决策出现失误，必将影响行政职能的履行和行政目标的实现。科学的高校行政决策在行政管理活动中具有极其重要的地位和作用。

（一）高校行政决策在行政管理中的地位

第一，高校行政决策是做好行政管理的前提。行政管理是对组织系统进行的全面、统一的管理，其范围十分广泛。高校行政决策是行政管理优化的前提，只有决策科学化，行政管理的职能才可以得到充分的发挥。从中央行政机关、基层行政机关到企事业单位，从行政枢纽部门到行政职能部门，从行政领导到行政工

---

① 于杰 . 影响高校行政管理有效性的因素及改进对策 [J]. 山西青年，2022（2）：169.

作人员，都要围绕着决策这一中心来开展工作。

第二，高校行政决策是行政管理的关键环节。行政管理是一个循环往复的螺旋式发展过程，在这个过程中存在着若干个环节，不管行政管理采用哪种划分方法，决策都属于首要的、关键的环节。决策是执行、指挥、监督的先导。如果决策正确，执行就会有正确的依据，就会得到良好的结果。在同样的条件下，决策不同，后果迥异。有利的宏观条件可能会因为决策失误而丧失，不利的种种条件可能会因决策正确而改变。决策决定着事业的得失成败。

第三，高校行政决策贯穿于行政管理的全过程。行政管理活动常常是从发现问题或提出问题开始，接着进行调查研究，然后决策、执行，最后是检查、总结效果，在每一个步骤中，都有信息反馈和对决策执行提出各种需求。例如，发现问题或提出问题在于期望决策；检查结果在于评价、修正和进一步决策。这充分说明，决策存在于行政管理的每个领域、每个方面、每个层次、每个环节、每个步骤之中，贯穿于行政管理的全过程。

（二）高校行政决策在行政管理中的重要性

第一，规划未来行为。高校行政决策是为了更有效地履行行政管理职能。履行行政管理职能不能随心所欲，而要对未来的行为做好事前规划。有了规划，管理者和被管理者都能了解某个时期内的任务、要求，以及需要的人力、物力、财力是多少，采取何种方式行动，由谁来负责等，这样，在总体上有个概略的认识，思想行动上就有所准备。规划未来的行为，可以使人高瞻远瞩。

第二，明确目标与方向。一个有利于民、有利于国家、有利于社会的准确、具体、现实的目标，不仅可以使行政管理的方向明确，而且可以鼓舞人们的士气。各级、各部门和个人应在总目标的指导下，制定切实可行的分目标、阶段目标和个人责任目标，以实现目标为宗旨来进行各种管理活动。

第三，提高行政效率。高校行政决策正确程度越高，行政效益就越显著。行政效率高低也是检验高校行政决策水平高低及正确与否的标准。

二、高校行政管理与行政决策的有效性

（一）体现学校管理和决策的民主性

新时期学校行政管理与高校行政决策推进过程中，学校的高层管理者必须要注重“民主和集中”的关系，在各项问题、决策讨论前通过制定出几套不同侧重点的方案，来展开系统分析与讨论。不仅要突出行政管理工作与高校行政决策的

民主性，也要结合学生的实际年龄段与认知水平，将一部分表决权归还给学生。

对于教师而言，则是要通过组织教师开展公平、公正和公开的投票，从集思广益的角度来制订出更加严谨、科学的方案。一旦出现了较大偏差，相关管理者则要通过启动应急预案的方式来组织再次讨论，将民主投票、集中讨论以及集中决议方式并用，选择出最适合的处理办法。此外，针对一些没有被真正采纳的意见，相关管理者也可以通过记录在案、进行备忘录留存的方式开展工作，为日后其他行政性的工作开展和方针制定提供支撑与帮助。

（二）加大实际调研力度和决策支撑

各级学校在进行行政管理和高校行政决策的过程中，必须要充分结合讨论情况以及事务重要程度来开展调查。以购买体育器材为例，从实用性的角度来说学校购买体育器材主要是能够为学生提供良好的学习体验，对于教师而言则是为了可以结合学生的实际认知情况以及教学情况开展科学的授课实践，为提升教学质量和教学效率提供支撑与帮助。因此，在进行此类的高校行政决策工作推进中，学校管理层就可以通过下发调查问卷的方式，来对教师与学生的愿望和诉求进行调查摸底，不仅要对教师的教学需求和对体育器械的需求进行统计，也要在实用基础上对学生的需求进行考虑。

当学校管理层对教师和学生的想法都有了初步认知后，就可以通过少量采购或者租赁等方式引进一些运动器材，通过放在指定位置的方式来对实际教学情况进行记录和研判，最终对这些情况展开调研和摸底，形成书面材料拿到会议上进行讨论。相信在这种行政管理手段的引导下，每一名管理者都能够有的放矢地实现既定的教学目标，而对于教师和学生而言更是能够做到“各得其所”，成为学校行政管理与高校行政决策的直接受益者。对于整个管理部门而言，则是能够在最大限度上避免决策出现失误，提升整体的执行力和工作效率，为后续的各项工作推进提供支撑和帮助。

（三）不断提升行政管理和决策效率

为了能够从根本上提升学校行政管理与行政决策效率，在制定相关的行政管理办公体系的过程中，相关从业者和管理者就必须要对传统的行政管理规范进行修订和完善，一方面要对原有的各类纸质文件和纸质签批手续进行修正，避免各种纸质材料在整理和流转过程中出现时间浪费现象；另一方面，对传统的纸质文件流转程序进行修订，还能够从本质上减少人力资源的浪费，特别是对于一些行政人员数量相对较多的学校，必须要通过数字化、网络化的办公平台来消化掉其内在的工作积压，在校园网的作用下，大幅提升各类行政管理效率与高校行政决策质量，通过大数据分析等方式实现既定的管理目标。

上级主管教育机构也要不断结合时代发展和社会进步需求，对学校原有的规划与战略进行不断修正，从一个更加积极、主动的角度来完善自我、提升自我，为办人民群众满意的学校而努力。

总而言之，新时代下的学校行政管理与行政决策推进过程中，相关从业者还应当充分结合实际工作需要以及教育发展理念，将高校行政管理与行政决策融入日常的教学与实践中，在关注各项制度实用性的同时，对现有工作短板进行补齐和完善，力争走出一条适合自身发展的全新道路。

第二节　行政管理改革方向与模式改革

一、高校行政管理改革的主要方向

（一）围绕核心竞争力建立战略管理体系机制

高校基于战略发展，都在努力构建核心竞争力。在建设核心竞争力的战略中，必须考虑到执行层面的问题，即解决“能够做哪些”“应该做哪些”的问题，使学校在科学的发展过程中有能力、更科学地执行其定位战略，从管理的制度上、机制上解决各种问题。

建立战略管理体系，是提升核心竞争力的基本条件。高校的战略管理能力是培育高校核心竞争力的基础。高校只有建立一个完备、科学的战略管理体系，才能为培育核心竞争力提供最基本的条件。建立的战略管理体系应该包括：①建立和保持独特的核心办学理念；②凸显自己的特色和优势；③制定发展战略；④确立战略意图和明确目标；⑤对高校发展战略进行有效实施、控制、修正和管理。

管理机制的改革与创新，是高校核心竞争力重要的战略要素。支撑核心竞争力发展的高校管理机制，能够使其内部师生员工具有向着高校所期望的方向转化的力量。这种力量主要包括：其一，以核心价值观为内涵，以绩效为特征的内动力，它是高校发展的牵引力；其二，建立对全体员工的激励与约束体系，它是高校发展的推动力；其三，与世界先进高校接轨的科学规范的内部管理体系，它是学校实现科学发展的外在再生力。围绕这三种力量进行管理机制的改革与创新，是高校实现科学管理的重要途径。

总而言之，管理机制与管理理念相结合，是提升核心竞争力的重要条件。核心竞争力强的学校都具有传统的优势学科。高校在关注新兴学科的同时，一定要保持传统的优势学科，保持高校持续生存发展独有的、其他高校难以模仿的特色。注重于“专而精”的特色发展战略，应是处于成长中的高校培育核心竞争力的基本战略选择。另外，在其基础上，要积极探索实现管理理念与管理机制的有机结合，进行学科开拓和专业创新，以成为某一学科、专业领域的先入者为奋斗目标，形成“先发制人”的优势，加强和巩固核心竞争力。

（二）敢于提出经营战略理念以及营销的思想

在高校的管理策划中，应运用经营的理念和营销的思想，发布公众信任的信息，树立公众信任的形象。由国际办学的经验可知：把营销思想和营销技术应用于学校管理，实施战略营销，这是一个很有前瞻性的战略思想。

将营销思想应用于高校管理具有重大意义。通过营销方式的管理和策划，可以更好地密切高校与政府、社会的关系，做强、做优高校。

（三）建立适合我国高校发展现状的科层制度

在高校快速发展的今天，必须要吸收、借鉴一切合理的科学的管理体制，创建符合中国国情的现代科层制度，实现高校的有序发展。高校科层制度需要健全的法律法规作为支撑。首先，完善高校法人地位和自主权力的法律规定；其次，各高校应根据法律上对自主权力的规定，制定适合发挥自主权力的制度。

现代科层制度必须严明规章制度，重视规章制度的可操作性，严格按章办事，消除思想和行为上的模糊性。同时，现代科层制度要建立学习制度，学习内容应该凸显职业道德，要把制度的非人格化变为管理人员实现自我价值的自觉行动。

高校行政管理工作是一项十分琐碎而又复杂的工作，要想使高校获得良好的发展，就必须正确认识当前中国高等教育处于转型期的各种特点，必须正确认识高校行政管理中需要改善的地方，在此基础上科学构建高校治理结构，进一步完善高校相关法律法规，落实高校的法人地位，扩大、落实高校自主权，树立科学管理理念和战略思想，建立健全各种规章制度，制定现代的科层管理体系，提高高校管理人员的综合素质，制定和实行具有前瞻性的战略措施，最终实现管理出成效、管理出人才的良性循环，确保高校科学发展。

二、高校行政管理模式的改革实践

（一）决策模式的改革实践

1. 学院模式

中世纪高校，除少数高校由学生团体管理为主外，绝大多数高校由教授为主体的学术人员进行管理。这种实际决策权力主要掌握在学术人员手中的决策模式，通常被称作学院模式（教授统治）或学术团体模式。

例如，在早期的巴黎高校，有关校内管理问题的全部决策，几乎都是由教师作出的。学位要求、课程设置、教师的任用，以及其他重要问题，也都由教师作出决定。这种决策模式具有两方面的显著特点：①权力在基层；②以分权为基础。

由于高等教育的结构重在基层，它就特别有赖于在下层释放能量。由此学院模式的优势在于，有助于调动学术人员的积极性，并使学术自由得到保障。

2. 行政模式

随着国家日益加强对高校的管理，高校内部逐步建立起等级制的行政管理体制。在一些国家，高校内部管理出现了明显的行政化倾向。行政管理人员在高校决策中发挥主导作用。这种实际决策权力主要掌握在行政人员手中的决策模式，通常被称作行政模式或科层制模式。

3. 双重模式

从高校决策的实际看，学术人员和行政人员通常在不同管理领域，或不同管理层次分享决策权力，因此，在同一所高校里，可能出现教授统治与行政统治并行不悖的局面。这种教学科研人员和行政管理人员分享权力的形式，通常被称作双重模式。其具体可分为两种情况：一是在不同的管理领域分享权力。在学术领域，决策权倾向于学术人员；在其他管理领域，决策权倾向于行政人员。二是在不同管理层次分享权力。在学院、系及其他层次组织，决策权倾向于学术人员。在整个高校层面，各国情况有所不同。

4. 市场模式

学院模式、行政模式、双重模式所注重的是高校内部的权力关系，以及相关人员积极性的发挥。但是，决策问题不能脱离环境的情境特征，高校管理需要处理的关键问题是如何适应环境的变化。随着社会利益的分化和各种利益主体影响的日益扩大，高校如何适应多种社会利益主体的诉求，并调整其决策模式和运行机制的问题日显突出。

伯顿·克拉克在分析部分国家高等教育系统整合过程时，提出了三种理想的权力协调模式，即国家权力、学术权威和市场，认为市场对高等教育系统影响有日益扩大的趋势，并且着重分析了消费者市场、劳动力市场和院校市场这三种主要的教育市场形势。但是，目前的市场远不止这三种形式。它包括影响高校发展的多种利益主体。所谓高校决策的市场模式，就是指社会相关利益主体参与和影响高校决策的形式。因此，就其重视和强调社会参与而言，又称为“社会模式”。

市场更主要地是一种超越传统权力关系的力量，其影响集中体现在改变高校、政府以及高校与政府的关系上。供求直接面对的市场，主要为需求市场和竞争市场，即消费者市场、劳动力市场和院校市场。学生家庭和用人单位出于对高校教育功能和研究功能的需要而对高校支付费用，各类院校为获得这些费用而展开竞争。所谓模拟市场，则是把市场功能的一部分以某种形态导入政府的资源供给中。

总而言之，各国政府拨款方式已逐步改为目标激励性拨款、引子拨款、绩效拨款、基准拨款、竞标拨款、边际成本拨款等形式，市场和模拟市场在一定程度上改变了政府权力的运作方式。与此同时，也就提出了谁应当对高校的可持续发展最终负责、国家还是高等学校自身，目前的拨款方式是否有助于保持高校的长期产出能力等问题。

（二）控制模式的改革实践

1. 基层控制

基层控制是早期高校的显著特征之一。在以后的发展中，这一特征在许多国家的高校中得以保存。基层控制具有结构扁平化的特征，具体体现在如下方面：

（1）博弈地位均等化。高校或学院的各组成部分松散结合，权力扩散到各学科或教学科研部门，来自各学科的教授们在高校或学院的管理中，原则上具有同等权力。

（2）结构运作多样化。高校或学院的目标经常与基层目标发生冲突，后者引出了众多的方向，各学科或部门之间的沟通，通常按照各自的既得利益进行，使得协调非常困难，结果通常由建立在自愿基础上的非正式规范来进行控制。

（3）结构实体独立化。各学科或部门高度自主，相对独立，上层结构虚化，下层经常决定并管理上层。因此，基层控制在具有尊重学术自由、有利发挥学术人员的创造性等优势的同时，也容易因各行其是，造成混乱无序和资源浪费。

2. 多元协调

高校控制模式改革的总体趋势是由两极趋向中间。绝对的基层控制和上层控制，毕竟属于韦伯式的“理想类型”，各国通过对基层控制和上层控制模式的不断改革，逐步建立了上下结合、多元协调的复合控制模式，针对不同的管理对象，形成了开放灵活、模式多样的控制方式。

在社会系统理论的认知中，管理者同时也是被管理者，当行政管理者在管理教师行为的时候，教师也在设法影响行政管理者的行为。实际情况是，教师在护卫其传统势力范围或管理领域过程中，开始介入行政管理者的优势领域；而管理者护卫其传统势力范围或管理领域过程中，也开始介入教师的优势领域。在保持原有的传统的同时，又通过变革，形成了新的优势。此外，不同类型高等教育体系之间的相互借鉴和趋同，在某种程度上也促进高校内部控制模式的改革。

一般而言，现实中存在两种比较典型的高等教育体制模式，一种为国家主导型高等教育体系；另一种为社会主导型高等教育体系。大致而言，国家主导型高等教育体系容易形成集权式管理，社会主导型高等教育体系则容易形成基层民主管理模式。在发展过程中，社会主导型高等教育体系加强了统筹与整合的力度，国家主导型高等教育体系则通过向下放权和引入市场机制，增强了适应性和灵活性，结果是相同的。

第三节　高校行政管理的改革路径

因为人力资源管理有助于行政管理作用的积极发挥，所以相关部门必须采取一些措施推动人力资源管理工作步入正轨，让行政管理运行有更高的效率 。

一、提高人力资源管理的意识

人力资源管理对高校行政管理有重要作用。如果想要发挥出人力资源管理对高校行政管理的正向作用，需要先让人力资源管理有关的工作人员具备人力资源管理意识。

第一，在开展有关人力资源的活动过程当中，要始终遵循以人为本的基本思想，也就是注重工作人员自身积极性以及主动性的激发和体现。作为人力资源管理的主要工作者，应该深入员工当中，了解员工的需求，以员工为中心展开各项管理工作。

第二，抛弃传统人力资源管理理念当中的物本管理理念，不能因为想要实现更大的经济效益就将员工的主观能动性、积极性忽视，这样容易造成人力资源管理工作陷入恶性循环。

第三，应该完善人本管理机制。一切管理都要以实际为基础，然后针对员工需求制定具有针对性的管理制度。只有在了解员工需求的基础上，才可以更好地开展和人力资源管理有关的各项工作。

第四，开展人力资源工作的工作者应该注意员工的思想价值观念以及他们在活动当中、工作当中的思想变化、情感变化，要关怀员工的情感和思想，解答他们的困惑，让员工可以以饱满的状态参加工作。

二、加强人力资源管理文化建设

文化的力量是无形的，文化可以在无形当中感染人的思想，指导人的行为，所以，行政管理工作当中需要切实推进文化建设工作，让文化发挥其对人的潜移默化的作用，让文化助推人力资源工作的开展。行政管理方面的文化建设力度的加强，可以让人力资源管理工作获得更高的工作效率，文化建设工作可以实现管理制度、管理精神以及管理有关物质三者之间的结合，能为人力资源管理工作的开展营造更加良好的外部环境。

第一，在精神方面，加强行政管理方面的文化建设可以让行政管理工作在良好的文化氛围当中开展，可以强化由各项活动带来的精神层面的良好影响，可以让行政管理人员加深对人力资源管理工作的认知，可以让行政管理工作人员和管理者之间进行更加融洽的合作与配合，更好地推动人力资源工作的开展。

第二，在制度层面，制度的建设和完善应该参考行政管理工作实际需求，不断地为工作者提供培训，让管理人员有更高的能力水平、素质水平。

第三，在物质层面，应该在行政部门营造浓厚的学习氛围，致力于改变员工的精神面貌，不断地鼓励员工进行自我学习，为自己充电。

由此可见，从上述三个方面进行行政管理的文化建设可以使文化建设鼓舞工作者，进而推动工作者积极工作，实现工作能力和水平的提高。

三、提升人力资源的管理效率

行政管理工作应该有一支素质水平高的管理团队，这样才能有更高的管理效率。

第一，人力资源管理的理念应该有所革新，要通过宣传的方式让管理者有更深入的认识。只有意识提高了，管理者才能在工作当中有所改变，其工作效率才能提升。

第二，团队当中应该引入工作经验非常丰富、工作能力非常突出的工作人员，在这样的人才的带领下，可以更好地推进人力资源工作的展开，也可以形成意志能力更强、素质更高的人力资源管理队伍。

第三，管理团队应该结合团队内部员工的实际情况，针对性地设置工作目标，只有根据实际情况进行目标的设计，管理工作的开展才能有所依据。

第四，人力资源管理制度应该加以优化和完善，制度的完善是效率的保障，能够保证工作得到完好的贯彻落实。

四、发挥人力资源管理人员的作用

对于行政管理而言，人力资源管理部分是非常重要的组成部分，它会直接影响行政管理的效果。因此，人力资源管理工作过程当中，所有的工作人员应该明确自己的工作内容以及工作职责，内容的明确、职责的确定有助于工作人员高效率地工作。

首先，人力资源管理工作的主体是所有的管理人员，管理人员的素质水平、主动性、积极性、工作能力都会影响到最终的管理效果。明确各个管理人员的具体工作内容以及他们需要履行的具体职责，可以让工作人员有更强烈的责任感，可以督促其落实各项工作内容；其次，管理者对自己的定位有清晰的了解，可以在制定人力资源管理制度的时候为自己的角色定位争取相关的利益，这极大地促进了人力资源管理制度的全面覆盖，能够让制度满足方方面面的权益；最后，管理者明确自身定位之后，可以按照岗位的具体要求开展人力资源管理工作，可以把自己职责范围内的事情做好、做完善。

总而言之，在社会不断变迁、不断进步的背景下，各行各业的发展都表现出了明显的行政管理方面的需求，行政管理的水平和效果受到人力资源管理的直接影响。进行良好的人力资源管理可以促进各个行业的积极发展，虽然从当前的人力资源管理现状来看，仍存在一些不足需要完善，但是相关部门已经注意到了人力资源管理的重要性并开启了深入的探讨，这在一定程度上会促进行政管理效果的提升。

第四节　院校两级行政管理的创新

近些年，随着高校在校生规模的日益扩大，以学科教育为基础的本科教育在学校教育中所占比例日益扩大，学校对学科建设的要求日益提高，学科的数量以及水平也得以提升。学校在借鉴国内外高校内部管理体制和运行机制的基础上，逐步探索校院（系）两级管理体制机制。设立二级学院，实现学院制管理，是目前学校行政管理中的一大基本组织形式，主要适用于规模较大的多科性高校。二级管理能够促进学科的整合和发展，激发各级组织的活力，切实提高管理效率。二级管理实施后，各二级教学单位在学科建设、教学管理、教学改革、教师梯队建设和科研工作等方面，都取得了较好的效果。

一、院校两级行政管理的原则与目标

（一）院校两级行政管理的基本原则

院校两级行政管理应该遵循六项基本原则，具体内容如下：

第一，系统性原则。系统性原则即运用系统原理和方法统筹校院两级管理各项举措，树立全局观念，校、院（系）齐心协力，周密设计改革方案，共同推进。

第二，主体性原则。主体性原则即坚持以院（系）为本、以学术为本、以教师为本的原则，推进两级管理过程中出现的所有矛盾与问题的解决。

第三，匹配性原则。匹配性原则即按照管理的效率标准与能级原理，坚持“产供销”“责权利”“人财物”相匹配的原则，合理划分校部机关和院（系）职能，并在事权重心下移的前提下，使院（系）拥有与学科建设和学术管理相适应的财权、人事权和物权，真正做到权责利相结合。

第四，优先性原则。优先性原则即行政管理保证和服从于学术管理，院（系）设置及其管理模式、决策机制等，均应确立学科建设与学术管理优先的原则。

第五，民主性原则。民主性原则即大力推进院（系）民主管理，尤其是学术

民主管理，加大专家教授在校、院两级学术管理决策中的分量。

第六，渐进性原则。渐进性原则即根据事项的轻重缓急及改革条件的成熟情况，总体规划，分步实施。

（二）院校两级行政管理的基本目标

学校推进校院（系）两级管理的最终目的，是为了最大限度地释放学术生产力，不断提高人才培养质量、办学水平和办学效益。

从现实出发，推进两级管理就是要建立适应学校办学规模扩大以后的学科建设运行新机制，充分激发和调动院（系）（含直属系，以下同）办学的主动性、积极性和创造性，加强现代高校制度建设，优化校、院两级的治理结构。其具体表现为形成适应学校现代化、国际化、信息化发展框架的管理体制；形成一支高素质的教育、科研、管理队伍，院（系）成为具有生机和活力的教学科研实体，学校内部管理水平得到充分提高。

二、院校两级行政管理的主要特征

（一）实施责任制，打破路径依赖

在管理改革中，管理模式的路径依赖通常容易造成改革步伐的缓慢。学校多年来一直以系为单位实施校系一级管理，对旧有管理体制的路径依赖，会在一定程度上影响二级管理的推行。“二级学院年度工作任务责任制”以“明确目标、给予权力、实施自治、开展问责”为原则，将学校年度工作目标分解到各二级学院，同时，对所有职能部门提出了完成“以全面管理为主”转向“以服务为主”的要求。在确定目标时，学校与二级学院民主协商、充分讨论；在具体的工作中，二级学院得到了各职能部门的全力支持。在科学而明确的目标引导下、在有力而稳定的部门支持下，二级学院的主体地位得到突出，二级学院的责任意识得到加强，职能部门的服务意识得以强化，二级学院工作的积极性和主动性得到了充分发挥。

（二）实施两级分配，各二级学院实现自主绩效考核

两级分配是“校系二级建制，二级管理”的校内管理模式在学校人员经费分配模式上的体现。职能部门依据各二级教学部门的学生数量、教学时数、专业建设和教学教改等因素，核定与协调下达经费额度，并对经费额度进行核算、检查。各二级教学部门可依据学校分配制度的总体精神，对下达经费额度的90%，制定本部门内部分配方案和发放办法，经学校批准后组织实施，剩余的10%在学年结束后核算发放。

为了在分配中充分体现二级教学部门的主体地位，在确保学校稳定和健康发展的前提下，学生培养人员经费尽可能下放到各二级部门。在进行具体的人员经费分配时，岗位基本工资和基本工作津贴等属于学校分配人员经费范围，由学校职能部门依据学校教学、科研和学科建设等目标，在实施目标责任考核和宏观调控的基础上发放；学生管理津贴、课时津贴、科研考核和绩效考核奖金等，用于教育教学工作的人员工资性支出，则属于二级教学部门分配人员经费范围，由二级教学部门以部门人员完成人才培养任务的实绩为主要依据，按照绩效挂钩的原则分配。

三、院校两级行政管理的职能与措施

（一）校院主要职能

1. 校部的主要职能

校部各职能部门要逐步淡化微观管理职能，强化监督考核和服务职能。校部的具体职能如下：

（1）制定学校的总体发展战略与规划，制定学校的阶段性计划和发展目标并监督实施。

（2）制定和颁布学校的各项宏观政策与规定。

（3）定期汇总并分析本部门的信息，为校领导提供科学准确及时的决策依据。

（4）开展调查研究，为院（系）运行和发展提供必要的服务和咨询。

（5）组织建设、管理全校性公用教育资源及跨院（系）的综合性核心课程和跨学科的研究中心。

（6）对外联络。

（7）统筹规划全校的教学科研、师资建设、人才培养、党建思政、学生管理、校园文化、公共关系与公共形象、后勤保障等工作。

（8）对院（系）教育质量和办学效益实施监控与评估。

（9）根据校务公开的要求，定期组织召开校情通报会。

2. 院系的主要职能

院（系）具体职责内容如下：

（1）根据学校总体发展战略，制订并实施本单位发展规划及年度发展计划。

（2）决定本单位的教学科研组织形式。

（3）负责教师队伍建设。在学校核定的编制数额和各级职务比例内确定教职员工岗位设置，聘任教职员工，考核应聘者的工作业绩。

（4）在学校指导下，具体负责本单位的学科建设、师资队伍建设、国际学术交流及教学科研、人才培养、党建与思想政治工作、学生管理及其他日常事务性工作等。

（5）在学校的统筹规划下，完成重点学科、博士点、硕士点的申报及“211工程”项目建设等非常规性任务。

（6）在国家和学校政策法规范围内，积极开展院（系）间、院企间、院（系）与社会间的合作办学和科技服务，提升院（系）的造血功能，提高办学质量和办学效益。

（7）制定内部财务制度，在执行预决算制度的基础上，在财务、审计部门指导与监督下，自主支配本单位办学资金。

（8）定期召开院情通报会，做到院务公开。

（二）校部职能调整和改革

根据上述校院两级机构职能的界定，校部各主要职能部门进行事权梳理，明确本部门需要增设、保留或下放至院（系）的事权，使校部的职能清晰化。校组织人事领导小组做好校部各职能部门的功能界定，以及岗位职责界定工作。与事权下放相匹配，校部下放相应的人事权和财权。

第一，人事管理：实行分类分层管理。校人事处根据教学、科研和管理工作的需要，核定全校教学、科研、专任技术、教学科研辅助、公共服务、党政管理等不同类别人员编制规模和岗位结构比例，按学科建设的需要，分类定编定岗。校部与院（系）分别行使相应的人事权。

第二，财务管理：在定编定岗和划分事权的基础上，制定财务两级管理制度。校级财务对资金实行集中管理，各院（系）开展各种教学、科研及社会服务等活动取得的收入，全额纳入学校的预算管理。同时，扩大校级经费向院（系）下放的比重，将院（系）自主创收资金纳入预算管理，既提高创收资金使用的透明度，更引导院（系）将自主创收收入用于院（系）学科建设和师资队伍建设。校财务处对院（系）财务实行“两公开一监督”制度，即预算公开、决算公开、财务处实施监督。

学生事务管理。研究生部的研究生管理下放到院（系），纳入院（系）学生事务管理体系，由院（系）统一进行管理。校院两级管理体制正式运行后，学校对院（系）的管理主要体现为规划、指导、服务、监督、协调。校部要加快完成四个方面职能的转变，即从微观管理转向宏观管理、从事务管理转向政策管理、从过程管理转向目标管理为主、从审批管理转向服务管理。学校主要依据校、院双方签订的目标责任书对院（系）整体工作及其领导团体进行年度和任期考核，考核结果与本单位相关利益直接挂钩。

（三）院（系）职责和权利

第一，院（系）为学科建设的主要责任单位。院长是学科建设的第一责任人。在聘任院长时，要求应聘者在校发展战略规划的框架内提出明确可行的学科建设规划，并将学科建设指标纳入院（系）行政负责人的考核指标体系，由校学科建设办公室对其任期内学科建设规划目标的落实情况进行监督考核。

第二，教育教学和人才培养质量由院（系）负责。院（系）有责任帮助教师丰富教学内容、改进教学方法、提高教学质量，院（系）的教学质量接受教务处和督导组的监督检查。第一课堂和第二课堂的教学质量均纳入教学检查评估的范畴。

第三，院（系）有责任不断发展与政府相关部门、社会团体和企业界的广泛联系和合作。院（系）应成为国际交流与合作的主体，在校国际交流处的指导下，独立开展国际合作和国际交流，不断扩大院（系）、学科在国内外的影响。

第四，以财务管理与资产管理为抓手，实行校院（系）两级预算管理制度，扩大院（系）资源配置与事务处理权力。院（系）遵循学校财务管理制度，自主制定年度财务预算，并经校财经委员会审定实施，从而进一步规范院（系）财务管理，扩大院（系）的资金管理与使用权力，较好地引导院（系）将创收资金用于学科建设与师资队伍建设。

（四）院（系）的学术管理和行政决策

改革传统的院（系）领导体制与决策机制，形成学术民主的、充满活力的专家教授参与度较高的新型院（系）领导体制与决策机制。改革的主要内容包括推广院长、系主任竞争上岗制及目标任期制，突出学科建设在任期目标中的地位；院（系）负责人的行政职能与学术权力相对分离。发挥学科带头人与学术骨干在学术管理中的作用，建立院级的教授委员会作为学术管理的议事决策机构；建立以院（系）党政领导为主，有院属系主任或课题组长、教授等代表参加的院务委员会和院务会议制度，作为院（系）集体领导与民主决策的体制与形式，结合政务公开和民主制度建设，逐步建立民主集中制基础上的、集中领导与个人负责相结合的院（系）领导体制与决策机制。

第一，建立健全院（系）学术事务与行政管理议事与决策机构。建立院级的教授委员会作为有关学术问题的议事和决策机构。赋予院（系）教授委员会职权，审议和决定院（系）学科发展规划，审议和决定院（系）的教学、科研及对外学术交流等重要事项，审议和选聘院（系）学科带头人和学术骨干，审议和确定院聘教师岗位；按有关规定，审议专业技术人员聘任事项，审议和遴选硕士研究生导师和博士研究生导师：审议院（系）当年各类毕业生的学位事项，并向校学位委员会提出授予学位的建议；审议院（系）学科建设的资源配置与经费预算及调整项目；审议和决定行政负责人认为有必要提交议定的其他重要事项。

第二，调整充实院（系）领导团体为日常行政事务决策和执行机构。根据德、勤、能原则调整、充实院（系）党政领导团体。正副院长根据学校工作部署和指示精神，结合本院（系）实际情况，处理好日常行政事务工作；分党委（总支）正副书记，保证监督党和国家的教育方针、政策及学校各项决定在本单位的贯彻执行；充分发挥基层党组织的政治核心和战斗堡垒作用；负责院（系）思想政治工作、学生工作、基层党建工作和纪检工作。建立以院务委员会为院（系）行政事务决策机构。院务委员会由院（系）正副院长、正副书记、系主任或学科组负责人组成。

第三，建立和完善院务议事和决策制度。建立院学术事务会议制度：与学科建设、学术、学位、职称职务等有关学科建设和学术管理的重要事项，应由教授委员会的各类学术事务委员会根据学校和院（系）有关规定讨论决定，根据需要由教授委员会主任委员非定期召集。完善院党政联席会议制度：对日常行政事务进行讨论和决策，一般应每周召开一次。健全院务会议制度：对本院（系）非学术性的重要事项进行讨论和决策，一般每月召开一次。组建二级教代会：二级教代会是院（系）实行民主管理、民主监督和教职工维护自身权益的重要形式，教职工人数没有达到一定规模的院（系），可由全体教职工大会替代二级教代会，二级教代会或全体教职工大会每学期至少召开一次，对院（系）预决算及其他重大事项进行审议。

第四，其他事项。院属系、学科组或课题组等，是院（系）的基层组织，负责组织落实教学、科研工作，以及其他相关事务管理，一般没有人、财、物等资源调配权。按照有利于组建学科群，有利于培养复合型、创新型人才，有利于充分利用人才资源的原则，原学校管理的研究中心（院、所）除重点研究基地由校、院共管，校管为主外，其他原则上改为院（系）管理。

四、影响院校两级行政管理改革的因素

（一）人才培养定位因素

二级管理的推行，将更有利于学校技术应用型人才培养目标的实现。学校学科定位和人才培养最终要落实到课程体系的设置与教学内容上。二级学院设立后，各二级学院应依据学校的办学指导思想和人才培养目标定位，根据自身特点，确定自身的发展目标定位，并以此为基础，建设所属各专业的课程体系和结构，保证教学内容的先进性和一定的超前性，最终实现技术应用型人才的培养目标。

（二）教学质量保障因素

学校的根本任务是培养人才，人才培养的质量是学校的生命线。随着高校学生规模的日益扩大，在一级管理的组织体系下，教学质量监控难以有效开展。而在二级管理架构中，二级学院作为学校内部管理体制中处于枢纽地位的机构，必须也能够有效地对教学质量进行监控。学校希望通过二级管理改革，搭建校、院两个级别的教学质量保障体系，更加有效地监控教学质量。

（三）师资队伍建设因素

要高质量地完成教学任务，学校必须建设一支高素质的师资队伍。实施二级管理以后，二级学院能够在不违背学校基本规章制度的前提下，依据学院自身的发展目标定位、专业设置和课程设置，自主设定所需师资队伍规划和任课教师资格。这有助于建设一个结构更合理、素质更高，更具有学科、专业与课程针对性的师资队伍。

（四）依法治校和民主治校因素

通过二级管理改革的实施，学校依赖一些基础性的管理制度和政策，对二级学院开展间接管理，定期开展督导。学校依法放权，二级学院依法行使管理职权，使得二级管理处在严格的规章制度的约束下。

随着各二级学院的组建和运作，二级学院的教职工代表在二级管理和二级分配过程中，将能够更多地行使职责。二级学院必须、也需要发挥教职工代表的作用，推进民主治校。

五、院校两级行政管理的实际运营效果

第一，校园依然保持稳定。二级管理改革涉及对原先各系的重组与整合，也涉及分配方式的变化。随着二级管理改革的不断深入，管理体制将越来越成熟，管理水平也将日益提高，使师生员工在二级学院管理模式中成为真正的受益群体。

第二，二级学院的积极性高涨。随着二级管理改革的开展和深入，以及二级分配、二级学院年度工作任务责任制和定期调研制度的推行，二级学院的枢纽地位得以明确。这使得各二级学院的建设与发展热情高涨，为学校发展奠定了良好的基础。

第三，随着二级管理改革的推行和深入，学校的内部管理由行政主导型逐步向监督评估型转变。在二级学院办学权力加强的过程中，教师作用不断提高，学生的权益得到保障，也为学生参与学院和学校的建设与办学提供了可能。

六、院校两级行政管理存在的问题及对策

二级管理毕竟是个新生事物，学校的二级管理改革是一个渐进的过程，在改革与发展中面临新的问题不可避免。

第一，以二级学院为枢纽、赋予二级学院自主权的管理模式，还需要不断积累实践经验。目前，学校的二级管理改革仍然处于起步阶段，高校在赋予其自主权方面比较审慎。学校在二级管理改革方面的制度设想，还需要实践经验的验证。

第二，进一步探索责任制的保障机制。尽管学校已经对各职能部门提出了变“管制”为“服务”的要求，但职能部门在“提供哪些服务”以及“如何提供服务”等方面，还需要继续探讨。

第三，进一步协调二级学院之间的关系。学院之间的协调是提高整体办学实力的有效保证。在学校推行二级管理改革的过程中，二级管理组织体系得以建立，各二级学院的内部运作也能够顺利展开。但是，学校意识到，如果二级学院的独立性过于明显，行政协调力度在一定程度上会受到削弱，这不利于高校内部的信息和资源共享。而且，目前学科交叉和渗透不断加大。因此，学校内部各二级学院在办学上要取长补短，发挥聚集功能，这是不断提高学院办学实力的有效手段。而资源共享、经验交流和探讨，是实现办学能力不断提高的有效方式。另外，通

过资源整合形成一些新功能，在一定的条件下会胜过资源创造的能力。因此，当前很多学校正积极开展研究，以期实现各二级学院之间，在独立的基础上，实现既竞争又合作的态势。

第四，在校系两级管理组织结构的基础上，积极探索建立学院制管理的组织结构。目前，很多学校的二级学院已组建完成，各二级学院也已投入运行，二级管理体系已取得成果。但是，二级学院内部如何搭建组织结构，以顺畅地开展工作，还是一个值得继续探讨的问题。

第五，学校监督、监察和审计等职能需要加强。学院的内部民主监督和制约是一个保障，但学校的外部监督和制约也必不可少。学院虽有了较多权力，但它并非独立的法人机构，作为办学法人实体的学校，仍然要在专业设置、学科建设和人事录用考核上进行总体规划，并对二级学院的办学、人事和财务等方面进行监督检查，且遵循公开、公正、民主、科学的原则。

总而言之，随着理论和实践的不断突破，学校有能力、也有信心克服二级管理改革中的问题，不断深化二级管理改革，实现学校的科学发展。

第五章 高校行政管理执行层面的改革创新

第一节 高校行政管理者的执行能力分析

“作为高校日益关注的重要课题，如何有效提升中层管理者的执行能力已经成为高校实现跨越式发展和办学理念的关键。”① 执行力是从管理学派生出来的，主要是指通过提出问题、分析问题、采取行动解决问题来实现目标的能力。对于高校而言，执行力的核心作用在于实现学校的战略性长远目标，实质是指按照党的教育方针政策，完成学校战略决策、战略规划等能力。所以，高校行政管理者的执行力是学校达成计划和目标的必然途径，也是现代高校管理的一项重要任务。一定程度上讲，高校执行力关系学校的生存与发展。因此，高校执行力建设水平决定着学校竞争力的强弱。

一、高校行政管理者执行能力的影响因素

一项行政决策的作出，实际上是一个非常具体和复杂的过程。在现实决策活动中，有许多因素影响着决策者对问题的判断和方案的选择，它们的作用有时是潜在的或无意识的，却比决策的原则和方法对决策者的思想影响更大。

（一）政策和法律因素

现代社会中，法律是最高权威，政府是按照法律规定建立起来的管理社会公共事务的组织，其管理行为包括决策行为，必须以法律为依据。政策是否稳定，法律是否完备，对政府的行政决策产生直接的影响。

① 崔志林，赵浩隼．浅谈高校中层管理者执行力存在的困境与对策 [J]. 辽宁行政学院学报，2012（4）：119.

在我国，现行的政策和法律是各级政府机关进行行政管理的主要依据。行政机关无论是为贯彻上级命令进行的执行性决策，还是在自主权限内进行的自主性决策，行政管理者要先考虑的一个重要问题是有无政策和法律依据。

（二）决策者素质因素

行政管理决策者的思想政治品质和道德觉悟对于其决策选择行为产生着深刻的影响；行政管理决策者的知识水平、技术能力以及意志品质等素质也对决策发生影响，这些因素影响着行政管理决策者对问题的认识、对方案的理性思考以及对决策时机的把握等。

（三）问题的性质因素

问题本身的重要性、紧迫性和特殊性是其能否成为决策问题的原因。行政管理面对的问题是经常的、大量的，并不表明所有问题都会成为决策问题，只有那些被决策者提到议事日程的问题才可能成为决策问题。

行政管理决策者对问题性质的判断，取决于问题分析的透彻程度以及社会呼声的高低。建立起一套科学的社会分析评价指标体系，较为准确地反映社会问题，是行政管理决策者正确地判断问题的基础。

（四）外界的压力因素

外界是指独立于决策者以外的各种社会集团、政治团体、社会舆论、新闻媒介等。人民主权是现代社会民主政治体制的基础，是现代民主政府权力的来源，也是政府管理社会事务、制定公共政策的逻辑起点和依据。

（五）决策的体制因素

行政决策体制是依法确立的承担行政决策任务的人员组成以及决断方式等。现代行政决策在决断方式上主要有两种方式：①个人负责制。个人决策方式表现为决策过程简单、灵活，效率高，能充分发挥决策者个人的能动性。在个人决策中，决策者的意志品质、能力素质等因素直接影响决策的质量。②集体负责制。集体决策方式的决策过程严密，须遵从既定的议事决策程序和规则，减少了个人因素对决策结果的影响，但是决策成员之间的冲突和相互之间的心理影响也会使决策质量发生变化。

集体决策的决策原则主要有全体一致原则和多数裁定原则，具体内容如下：

1．全体一致原则

全体一致原则是指一项决策须有决策集体的全体成员都表示同意，或者没有一个成员表示反对的情况下才能获得通过。全体一致原则也称“一票否决制”。

这种决策原则的优点是实现每个投票人都能通过自己的投票行为获益，至少没有人会因此利益受损。

全体一致原则由于任何一个决策者的否决都会导致决策方案的否决，所以保证了决策参与者享有平等的地位和权利，任何人都不能把自己的意志强加于他人。采用该原则，决策成员对于决策问题要经过多轮的磋商、协调和讨价还价，使大家能达成一致的意见和需求。因而以全体一致的决策方式通过一项决定通常要经过一个艰苦而漫长的过程。

2. 多数裁定原则

多数裁定原则也叫多数原则，这是集体决策模式中最普通、最常用的作出决定的方式。与全体一致原则相比，多数原则无须进行无休止的讨价还价，可以大大降低决策成本。根据决策群体和决策问题规定上的不同，多数原则又划分为以下种类：

（1）相对多数原则。一项决策方案是否通过，取决于它所获得的赞成票是否超过反对票的票数，或者在对几个竞争性方案进行投票选择时，获得赞成票数最多的一种方案通过。

（2）绝对多数原则。一项决策方案是否通过，取决于它所获得的赞成票是否占据决策集体成员数的半数以上，其中又分为简单多数（赞成票超过表决票的一半）和限定多数（如赞成票超过表决票的 2/3 或 3/4 等）。究竟选择何种集体决策原则要视决策问题的重要性以及时间的紧迫性而定。一项决策随着赞成人数的增加其决策成本相应增加，而外部风险相应减少。

二、提升高校行政管理者执行能力的措施

随着社会主义市场经济体制的不断完善和创新型国家战略的实施，高校应该做到以下方面：

第一，要明确职责、准确定位。作为一名管理者和执行者，只有准确定位，具有正确的职责意识、积极的心态和较强的执行能力，才能更好地完成工作。

第二，要配置良好的教师资源，提升执行力。管理者是执行活动的重要因素，也是执行力量的重要来源，管理者发挥着核心作用。因而，采取积极措施、培育优秀的执行主体是提高执行力水平的关键途径。

第三，要形成鲜明的执行力文化。在学校建设和发展中各种良好的价值观念、信念及行为规范，能够以强大的影响力影响高校管理者的思想意识和执行行为，

并逐步成为自觉的执行思维惯性和行动惯性，最终形成良好的执行传统习惯。

第四，要建立高校行政管理者的健康成长机制。要做到有针对性、实效性开展教育培训，改掉专业技术人才的一些不利特质和习惯。完善学习培训制度，使行政管理者在繁忙的事务中抽出时间加强学习。建立科学的业绩评估指标体系，有效发挥激励与导向作用。

第二节　高校行政管理执行中教学与教务信息化管理

对于高校教学管理来讲，教务管理是非常重要的一部分，学校在教务管理方面的管理水平能够反映出整个学校的管理水平，而且，教务管理工作对学校的教学工作开展来讲至关重要。在国家持续推进教育改革的情况下，高校逐渐扩大自身的办学规模、扩大招生数量，丰富专业种类，对专业做了更详细的划分。有一些高校因自身的情况没有办法满足社会教育提出的发展需要，所以，高校之间开始联合办学，重组在一起。过去使用的教务管理模式没有办法适应新的教育改革的需要，没有办法更好地管理教育工作，所以，高校需要解决教务管理发展过程中遇到的挑战。在科学技术快速发展的情况下，高校教务管理可以借助信息技术、网络技术改革和创新，让教务管理工作向信息化的方向发展。

一、高校教学与教务管理信息化的意义

（一）顺应时代发展的需求

当前，社会有明显的科技化、信息化发展特点，也逐渐朝着科技化、信息化的方向前进。现代社会的人们会在生活的方方面面受到信息技术的影响，享受着网络技术快速发展所带来的便利，越来越依赖网络信息技术。

在我国经济社会快速发展的情况下，人们越来越关注教育发展，也越来越注重高校的教务管理工作。教务管理的信息化发展要与时代发展步伐一致，要符合时代发展规律。高校教务管理信息化需要依托原有的教务管理模式，在此基础上进行创新。高校教务管理工作结合信息技术之后，工作开展会体现出更强的合理性特点、科学性特点，高校教务管理各项工作的开展也会更加规范。

（二）提高教学的管理水平

高校完成教学管理方面的信息化转变需要使用互联网。在步入网络时代之后，网络的普及在很大程度上推动了社会各方面的信息化。高校教务管理工作者开展管理工作过程中，可以使用网络获取信息、传递信息、分享信息、共享资源、共享技术。管理工作者也可以在学校搭建的教务管理系统当中传达和教务管理有关的指令。互联网的特点是实时共享，所以，当教务管理工作者使用教务管理系统传达指令时，指令可以快速准确地传达出去，相关工作者可以快速地开展行动，落实各项职责，这在一定程度上方便了教学管理工作的开展。

（三）提升教务管理的工作效率

因为高校扩招增设专业，所以，教务管理工作越来越复杂，工作数量逐渐增多。

为了有效处理教务工作，教务管理工作者需要科学地设计教学计划，科学管理教学设备，科学整理考务信息、师资信息。在这样的情况下，引入信息化技术、构建信息化的教务管理系统则极大地方便了教务管理工作者开展工作。工作者可以借助计算机的信息数据处理能力减少自身的工作量。而且，相比于人类对信息数据的处理，计算机的处理明显更加准确，速度更快，效率更高。

（四）教务管理模式开放性和人性化管理

学校的主体是全体师生，学校教务管理工作与师生的教学学习活动息息相关，教务管理的改革和创新应该参考吸纳师生对教学工作的想法建议。教务管理的信息化改革和创新为师生和学校教务管理部门之间的沟通提供了更方便的网络渠道，这在一定程度上也让学校的教务管理工作更加人性化、更加开放。

二、高校教学与教务管理信息化的优势

第一，教务管理信息化发展可以推动教育教学改革工作的开展。信息化是我国国家层面做出的战略部署，我国社会的经济发展、文化发展极大地受到了信息化的推动。我国想要成为社会主义现代化创新型国家，必须向信息化的方向发展，必须全面普及信息技术。对于高校来讲，教务管理信息化可以让师生享受到更优质的教学服务，也能让学校不同部门之间的沟通更便利。

第二，教务管理信息化发展可以规范高校教务管理工作，让各项工作的开展更加科学。将信息技术引入高校教育管理工作当中，可以让学校的教务管理工作从传统模式转向数字模式、自动化模式和电子模式。高校教务管理和信息技术的

结合是时代发展的必然要求，符合当下时代教育发展规律。信息技术的加入使得教育管理模式、教育管理体制出现了变化，提高了学校教务管理水平，在一定程度上规范了教务管理工作，教务管理工作的开展更加科学。目前，高校正在持续扩大自身的发展规模，并且开始向着全方位发展的方向转变。与此同时，高校也意识到了教育教学体制方面的不足，开始注重体制创新，加强学校管理质量。高校想要完成以上目标，需要依赖计算机软件，计算机软件可以为高校各方面的创新改革提供支持，可以提升学校各方面工作的科学性、有效性。在网络技术快速发展的情况下，教务管理工作的工作效率也会越来越高。

第三，教务管理信息化扩大了教务管理工作的覆盖范围。相比于传统的管理模式，信息化管理模式的特点是不受时间、不受空间的制约。教育管理工作者可以享受网络技术的便利，师生可以和教务管理工作者及时地、自由地在网上互动沟通。学校在开展教育管理工作的过程中，也可以充分依托管理平台优化评价方式，为师生提供公开的途径彼此评价，这样的评价方式获得的评价结果更科学、更准确，学校也可以依托精准的评价结果有针对性地完善学校教学发展的不足之处。

第四，教务管理信息化有利于师生互动，有利于师生教职工素质的整体提升。学校可以依托教务管理平台在网络上开展多种多样的教学活动，比如说分享学习资料、分享教学课件等。学校也可以构建网络虚拟课堂，为学生提供课后学习渠道，帮助学生在线互动，让师生在线交流、在线探讨问题、在线处理问题。网络化的学习方式能够极大地方便学生学习，也能够更好地激发学生的学习兴趣，更有助于培养学生的自主学习习惯。可以说，依托教育管理平台，学校可以构建一个教学网络，学生可以在网络当中获取资料，交流互动，处理问题，解答疑问，这极大地丰富了学生的课后学习生活。

第五，教育管理信息化可以加强课程建设的灵活程度，有助于高校学分制的有效发展、有效运用。目前，国际上不同国家主要竞争的是经济和综合国力，经济竞争主要和科学技术水平有关，综合国力竞争主要和民族整体实力有关。我国教育十分重视学生的综合发展和学生的素质提升。在全面推进教育改革的过程中，也明确强调学校要使用和当前教学管理模式相符合的学分制。

第六，教育管理信息化能在一定程度上提高学生的素质，也能有效推动高等教育向前发展。学分制可以更大限度地激发学生的学习主动性，学分制关注不同学生之间存在的差异，为学生的成长提供了针对性的成长方案，为学生提供了独特的成长目标，这使得学生可以更好地展现自身的不同之处，发挥自己的创造潜力。学分制的优势在于学生可以根据自己的喜好意愿选择自己喜欢的选修课，也就是说，学生的学习更加灵活，学生可以学习到更多领域的知识，能够拓宽自身的学习维度。但是，学分制的设置也有一定的弊端，那就是仍然使用传统的班级授课的方式。学校使用学分制的前提是提高自身的教学管理水平，丰富教学管理层次，并且有足够的资源可以在教育教学中使用。学校必须为各种各样的课程配备教师，也必须建立先进的管理平台。也就是说，学校学分制的运用需要依托信息化的教务管理平台。在教务管理平台当中，师生可以获取优质的教育资源，也可以共享教育资源，这有助于师生素质水平的提升。在有了信息化的教务管理平台之后，高校后期的各项教学工作也能够有效推进。

第七，教务管理信息化有助于教务管理理念的更新，有助于教务管理工作者提升工作素质。作为教务管理工作者，为了更好地推进教务管理工作，应该跟随时代的发展脚步，学习先进的管理思想，掌握先进的工作方式。教务管理工作者需要时刻关注教育教学环境的变化，需要时刻保持学习的态度学习管理理念，更新管理理念、管理方法，时刻关注学生的需要。高校开展的教学工作总体上应该遵循国家教育目标的指引，细节上应该考虑学校自身的发展需要、发展特点。也就是说，高校应该综合国家教育需要和自身发展需要建立教务管理模式。

第八，教务管理的信息化有助于校园数字化建设工作的推进。科学技术已经和教育充分结合，学校已经在最近几年经历了较大的发展变革。在国家的带领下，在教育部门的积极推动下，很多高校已经完成了学校的信息化建设、数据化建设。举例来说，有一些高校构建了信息化的行为模式，有一些高校构建了互联互通的网络平台，可以说，信息技术的引入有效地推动了校园数字化工作的开展，信息技术也成为师生之间有效的沟通工具，成为师生学习的重要辅助手段。

综上所述，可以发现，高等院校在经历了几年的创新变革之后，基本上搭建了属于自己的教务信息化平台，基本完成了信息技术与教育发展的融合。目前，高校正致力于完善基础设施，优化教务工作系统，综合处理数据，为师生提供优质的、系统的资源，帮助师生更好地成长，让信息化的教务管理系统真正在数字化教育发展方面发挥作用。

三、提升高校教学与教务管理信息化的措施

（一）提高信息化创新意识

当下时代是信息化的时代，是科学技术快速发展并且快速应用的时代，在这样的时代环境下，教务管理和信息技术的融合必然会碰撞出更多的科技水花。高校教务管理方面的领导者应该意识到互联网发展的巨大便利，并且抓住互联网发展的机遇，引入信息技术，推动教务管理的创新与变革，改变传统的管理方式，提高管理人员的信息化认识，引导管理人员更新理念转变思想。

（二）更新完善原有的制度

教务管理工作的开展必须有制度作为外在约束，也就是说，学校要制定教务管理制度。虽然很多学校进行了教务管理方面的改革和创新，但是，却没有及时更新教务管理制度。在这样的情况下，旧的管理制度没有办法指导新的管理工作的开展，也没有办法规范和制约管理行为。所以，教务管理工作者需要及时更新教务管理制度，完善教务管理制度，让制度可以发挥保障作用。高校需要考虑自身发展需要以及本校的实际情况，制定科学的、适合的教务管理制度。

（三）加强教务管理人员建设

教务管理信息化除了和网络技术有关，还与教务管理工作者有关。只有工作者具备工作能力、工作素养，教务管理信息化平台才能发挥有效作用。高校需要注重对教育管理人才的培养，除了引进人才之外，也要对在职的管理人员展开管理知识方面的培训，提高管理工作者的素质和能力，进而整体提升工作质量和水平。

（四）完善教务信息管理系统

高校发展过程中一直存在教务管理信息系统方面的问题，很多高校的信息系统没有办法为教务管理工作提供有效支持，所以，高校应该结合学校本身的情况研发适合学校的教务管理信息系统。系统的研发需要具体情况具体分析，研发必须有针对性，必须适合学校发展，满足学校的发展需要，高校领导应该组建专业团队负责系统的研发。

高校所进行的教务管理信息化改革是一项重要的创新工作。经过教务管理信息化改革之后，学校教学管理取得了更好的成效，学校可以充分借助网络技术的便利减轻教师的工作压力，方便师生的教学，为师生的教学提供充分且优质的资源。而且教务管理的信息化与校园的数字化建设目标一致。从某种角度来看，教

务管理信息化推动了校园的数字化建设，也满足了现代社会师生对教育教学现代化发展提出的要求。高校应该紧紧抓住信息化发展的机遇，积极将信息技术引入到校园建设当中，直面信息化带来的挑战。与此同时，在校园内部，高校应该注重对教务管理人员展开培训，加强他们的信息化意识，提升他们的信息化能力，这样，教务管理工作人员才能更好地运用信息化的教务管理系统，才能更好地为学校各项工作的开展提供服务。

综上所述，可以发现在互联网时代、在各种各样的信息技术快速发展的情况下，高校的教务系统越来越完善。学校在开发教务管理系统时，出发点是满足学校的发展需要，提高学校的管理效率，但是，不同的学校实际状况有较大的差异，而且，通常情况下开发速度赶不上时代的发展速度，所以，开发出的教务管理系统并不一定完全符合学校的发展需求。除此之外，系统在管理方面也存在一些问题，管理往往跟不上教学的发展速度，特别是在高校规模不断扩大、持续扩招的情况下，教学管理任务越来越多，而且任务越来越复杂，这时教务系统就必须不断地优化和完善，只有这样才能满足不同校区、不同专业师生的教学需要。作为学校的教务管理工作者，必须直面学生数量快速增加、教学数据快速增长等问题和挑战。

第三节　高校行政管理执行中的财务与人力资源管理

一、高校行政管理执行中的财务管理

“随着我国行政管理体制的深入改革，高校的财务管理环境也发生了很大的变化。”[①] 高校财务管理模式在不同的历史阶段，应与当时的经济、文化发展情况相适应，与学校的发展阶段相配合，也应有不同程度的“集权”与“分权”模式。

（一）财务管理模式

高校财务管理模式的选择是“集中”与“分权”的权衡。在 20 世纪 90 年代以前的计划经济时期，主要表现为高度集中的财务管理模式。在 20 世纪 90 年代以后，各高校主要选择偏集中的财务管理模式、偏分权的财务管理模式或完全分

① 冯伟彬，肖艳莉，冯立刚. 内部控制视角下高校财务治理探究 [J]. 财会学习，2021（33）：49.

权的财务管理模式。

1．高度集中的财务管理模式

高度集中的财务管理模式是指财务权力高度集中，学校所有资金全部由校长、财务负责人统一管理的财务管理模式。在20世纪90年代之前，我国几乎全部高校都采用高度集中的财务管理模式。政府是高等教育投资的唯一主体，高校的经费来源主要是财政拨款。

在高度集中的财务管理模式下，学校设置一级财务机构，除一级财务部门外不设其他财务机构；所有结算业务必须通过一级财务机构，统一领拨各项经费，统一编制学校综合财务收支计划，统一核算预算外各种创收及制定创收的分配比例；学校有统一的财务制度，各院系没有制定本部门财务规章制度和实施办法的权力。

高度集中的财务管理模式与计划经济体制相适应，便于集中全校财力物力、统筹资金、统一目标，促进学校发展；同时，也存在管得过于宽泛，缺乏激励、不利于调动校内单位积极性的缺点。在高度集中的财务管理模式下，高校缺乏财务管理的积极性、主动性和创造性，既无财务自主权，又没有理财空间，财务制度也不健全，高校成为国家教育投资的被动使用者。20世纪90年代市场经济体制建立后，只有很少高校仍采用高度集中的财务管理模式。

2．市场经济下的财务管理模式

20世纪90年代后，随着市场经济体制的建立、高等教育体制改革的深化以及高校独立法人主体地位的确立，高校成为面向社会自我筹资、自我发展、自我约束的独立主体。

高校经费来源已不再局限于政府拨款，还包括学生交纳的学杂费，社会团体、企业、个人的赞助，以及学校二级单位向社会提供服务收取的各种费用等。在这种情况下，继续采用高度集中的财务管理模式显然已不能适应高校发展的形势需要，建立与市场经济相适应的集中分权相结合的高校财务管理模式成为大多数高校的选择。

3．财务管理模式选择的影响因素

高校财务管理模式的选择会给高校财务活动的开展、财务关系的处理以及学校的正常运行带来重要影响。因此，分析影响高校财务管理模式选择的因素，有利于指导高校权衡“集中”与“分权”，以确定恰当的财务管理模式。财务管理模式选择的影响因素具体内容如下：

（1）教育体制的改革。

第一，中华人民共和国成立后我国实行计划经济的集权管理，高等院校都是由中央政府统筹管理，直到改革开放后，高等教育体制改革才不断深化。

第二，1985年我国颁布的《中共中央关于教育体制改革的决定》中明确指出："必须从教育体制着手，有系统地进行改革。改革管理体制，在加强宏观管理的同时，坚决实行简政放权，扩大高校的办学自主权。"自此逐步建立起中央和省两级政府管理，以省级为主，高等学校面向社会依法自主办学的新体制。

第三，从20世纪90年代末起，根据《中国教育改革和发展纲要》的要求，我国的高等教育按照"共建、调整"的方针进行了进一步改革，这些改革逐步增强了学校办学自主权，为高校内部实行校院两级管理提供了政策依据。

（2）教育的财政政策。

第一，中华人民共和国成立直至20世纪70年代末，中央实行高度集中的计划经济体制，经济上的单一所有制结构，形成办学体制的单一制，高等教育由国家兴办，国家主管，国家出资。而政府实施"统收统支"的财政体制，教育经费列入国家预算，由中央及地方财政拨付。其中，中央所属高校的教育经费列入中央政府预算，由财政部统一掌管；各大行政区、省（市）管理的高校教育经费分别列入各大行政区、省（市）预算内。该阶段的高校财务管理是政府预算的一个部分，简单按开支标准管理，不注重资金使用效益。

第二，1980年以来，教育事业迅猛发展，教育地位不断提高，单一的国家财政拨款体制已经不能适应市场经济条件下社会经济和高等教育自身发展的需要，政府拨款不再是高校唯一的资金来源，学校的经营收入和捐赠收入等其他经费来源占高校全部收入的比例不断增加。资金来源渠道的多元化使得高校财务管理的对象由原来简单的预算收支流量管理转变为对学校资金、资产和资本的全面管理，更加重视投资的绩效和回报率。这使得高校财务管理的职能拓展到高校运行的各个环节，同时也对学校财务管理模式的选择产生一定影响。

（3）高等教育规模的扩大。为了更好地满足社会发展对高级建设人才的需求，我国从1999年开始实行高校扩招，高校全日制高校学生数量成倍增加。除了学历教育规模的不断扩大，随着当前社会上对劳动者素质的日趋重视，职业教育、终身教育理念也深入人心，高校的非学历教育规模也不断扩大，开展多元化、多层次的高等教育形式成为建立终身学习型社会的重要途径之一。

原来的高校规模相对较小，师生数量少，资金量小，比较适合集中的财务管理模式。而在高校教育规模扩大之后，师生数量倍增，院系增多，资金量加大，日常核算工作量也越来越大，原来采用集中或偏集中财务管理模式的高校，在学校一级管理人员有限的情况下，应将更多的财务管理权限授予二级单位管理人员，实行分权的财务管理模式。这样既有利于激励二级单位的增收减支积极性，又有利于降低学校管理成本。

（4）高校所处的发展阶段。对于成立时间较短或虽成立时间较长却因环境条件变化仍处于发展初期的高校而言，若想快速发展必须集中资金，比较适合集中的财务管理模式，以提高资金的使用效益。而对于处在比较成熟阶段的高校而言，由于其师生员工已经基本认同了学校的办学风格，同时资金流也越来越大，继续采用集中的财务管理模式会导致学校内部管理效率的降低，权责不明，二级单位增收减支积极性下降，从而影响学校的整体财务绩效。此时高校采取财权下放的分权财务管理方式，从粗放管理转向精细管理，节约资金，提高资金使用效益，是更加合适的选择。

（二）财务管理环境

从高校的设立和管理体制来看，高等学校是被赋予了各种社会、政治和行政功能的教育机构。高校财务管理是在高校特定的政治、经济环境中进行的，高校财务管理的环境由外部的大环境和内部的小环境构成。高校财务管理受行政和政治因素的影响，有时会超过经济因素本身的影响，因而并非纯粹的经济管理，高校财务管理的效果是经济、政治和管理人员职业素质等因素共同作用的结果。高校处于特殊的经济、政治环境中，在遵循经济规律管理高校财务的同时，要兼顾政府行政管理的要求，兼顾教育的社会功能。

（三）财务管理目标

高校财务管理目标是高校在组织财务管理活动中所要达到的目的，明确高校财务管理的目标是做好高校财务管理工作的前提。高校财务管理目标具有自身的独特性，它不是一个独立存在的目标，而是以高校发展总体目标为前提，在高校发展总体目标的框架内，确定为高校发展服务的财务方面的具体管理目标。因此，高校财务管理目标不是一成不变的，而是随着高校发展目标的变化而变化，但基本的管理目标是确定的。高校是公益性的教育事业单位，服务于国家的经济社会发展，提供教育准公共产品。根据高校的特点，高校财务管理目标的具体内容如下：

1. 财务管理的基本目标——建立运行有效的财务管理系统

建立运行有序、管理有效的财务管理和控制系统是高校财务管理的基本目标。建立健全内部管理制度，采取有效的控制措施是做好高校财务管理工作的前提，一个运行有效的高校财务管理系统是高校正常运转的保障。财务管理是实现财务管理其他目标的前提，如果财务管理不当，高校的正常运转也会因此受到影响，所以建立运行有效的财务管理系统是高校财务管理的基本目标。

2. 财务管理的主要目标——筹资最大化

筹资最大化即筹集高校发展所需要的资金最大化，也是高校财务管理的主要目标。筹资是通过各种渠道和方式筹措资金的财务管理活动，与“追求利润最大化”的企业财务管理目标不同，高校不是经营单位而是教育事业单位，“筹资最大化”才是高校财务管理的目标。

高校的资金来源以政府投入、学费收入为主，其他收入为辅。学费是政府审批的事业性收费项目，由高校收取用来补充教育经费的不足，是筹资的重要组成部分，但受学费标准和学生人数的限制。其他筹资项目如社会捐资助学等，筹资的范围更为广泛。高校应该积极申请政府各项专项资金和争取社会的捐资助学，以达到筹资最大化的目标。

3. 财务管理的终极目标——资金使用效益最大化

资金使用效益最大化即高校筹集的资金发挥最大的使用效益，这是高校财务管理的终极目标。如果资金使用不做效益评价，盲目或随意支付资金导致资金的大量浪费，那么筹资也将会失去意义。

资金的使用：首先，要保障高校的正常运转；其次，要服务于高校发展大局，将资金重点投放到学校规划和优先发展的项目上；最后，必须进行资金使用效益评价，投资一个项目成功一个项目，才能实现资金使用效益最大化的目标。

（四）财务管理内容

高校财务控制是在实现高校财务管理目标的过程中，对经济活动内容所实施的控制。高校财务管理内容包括资金筹集、分配、使用的管理，涉及预算、实施、决策、控制、分析、监督管理等环节。财务控制思想贯穿在财务管理的整个过程中，管理过程中有控制的思想，控制过程中有管理的内容，财务管理与控制是不可分割的整体。财务管理内容具体如下：

第一，资金的筹集。资金的筹集渠道主要有财政拨款、向主管部门申请各类专项资金、收取学费以及筹措其他各种收入等。这项管理内容涉及资金收入预测和实施环节，即对筹集的资金项目和筹资总额进行预测，并对预测行为付诸实施，以取得实际的筹资收入。

第二，资金的分配。资金的分配是指根据学校的发展规划进行资金使用额度的预算分配，即将筹集的资金投向于哪些方面。这项管理内容涉及预测和决策环节，即支出总额的预测、资金投向的决策等。

第三，资金的使用。资金的使用是在资金分配的基础上进行的支出管理和控制，即根据各项目的资金预算，对项目资金使用过程进行监控，使支出范围和支出金额符合预算的要求。这项管理内容涉及控制、分析环节，即控制超预算支出、分析预算执行情况等。

总而言之，资金筹集、分配、使用都涉及监督管理的环节，必须有作为第三者的内部审计部门予以监督控制。

（五）财务管理的创新发展思路

在营利机构，创造财务上的利润，是一种目的；而在非营利组织，它则是一种手段。高校作为培养人才的重要场所，在市场竞争环境中要战胜对手，实现可持续发展，不能像企业那样经营，但必须吸收企业财务运营中的优秀理念，例如风险意识、可持续发展、精细化管理等，并将其体现在财务管理模式的创新上。

首先，高校在市场竞争环境下的生存、发展，应以绩效为导向，以社会效益和经济效益的最大化为目标进行效益管理，而不能仅仅局限于对预算资金收支的管理。其次，在高校财务管理模式的创新中必须考虑风险因素的影响，树立风险观念，制定科学有效的财务风险防范机制。再次，随着高校经费来源渠道的日趋多元化，高校要树立新的融资观念，科学地引导资金流向与融资资金，发挥资金的最佳使用效益。另外，可持续发展也是经营化理念的重要部分，财务管理要为高校的长期、稳定、可持续发展服务，要不断优化教育结构和资源配置，增强高校的发展实力和后劲。最后，还要树立精细管理的财务理念，在高校的内部预算、会计核算、收入支出管理、资金及借款等财务管理活动中全面实施精细管理，采用量化指标进行财务控制。

高校财务管理要想进入良性有序的发展轨道，必须从以下方面进行创新：

1．丰富高校财务管理的内容

为了改变我国高校财务运行中长期存在的“重核算、轻管理”现状，必须丰富高校现有的财务管理内容，这也成为高校发展的迫切要求。

（1）在高校筹资渠道不断扩大、政府拨款以外资金来源不断增加的形势下，将评价资金风险、计算资金成本、控制举债规模等筹资管理指标增加到高校财务管理指标体系中。

（2）在高校为了在市场竞争中站稳脚跟，必须不断增加基建、教学设施和科研设施投资的形势下，将与投资相关的投资收益、内含报酬率等项目可行性论证指标纳入高校财务管理指标体系中。

（3）将对高校会计报表及其他有关资料进行的财务分析具体内容，根据学校财务运行和财务管理状况的不断变化进行适时调整。

（4）在资金使用上严格执行预算，增收节支，使资金得到高效率的运用；在高校内部实行相应的激励分配机制，充分调动二级财务管理的积极性、主动性和创造性，提高资金的使用效率。

（5）完善固定资产的折旧制度、专用基金核算制度、对外投资明细核算制度、借入款项的考核评价制度等。

（6）丰富现有高校财务报表及附注，增设现金流量表、学生教育成本分析表等报表，并提高会计报表附注信息质量。

（7）遵循财务管理的成本效益原则，提高教育投资的效益，寻求降低教育成本的最佳途径。

2. 改进高校财务管理的制度

高校财务管理制度的创新包括：高校会计由收付实现制向权责发生制转变。在经济全球化背景下，高校对外经济往来、国际结算等业务日趋增多，因此，在高校财务核算上实行权责发生制运行模式，既符合市场经济体制和经济全球化趋势，又符合国际惯例。改进高校财务管理的制度内容如下：

（1）财务工作重点从核算型向管理型转变。高校财务工作的重点不再像过去只集中于记账、算账和报账的简单循环，而是扩大到计划、核算、监督、分析、管理等更大范围。同时财务人员也更多地将精力投入有效利用会计信息进行预测、控制、分析上。

（2）建立校长领导下的总会计师制度。在高校负债居高不下、频繁的经济活动带来的财务风险不断增加的情况下，若延续由校长或副校长在管理教学、科研、后勤等领域的同时，兼管财务工作的传统，由于其缺乏资金管理和运用的专业知识，非常可能直接影响高校资金的使用效率，导致整个学校财务运行的混乱。而设置总会计师岗位，选拔专业人才专管主管学校的经济管理工作，直接对校长负责，则有利于加强学校的宏观调控和运筹资金能力，科学决策，保证学校经济工作的良性运转。

二、高校行政管理执行中的人力资源管理

人力资源不仅是社会发展的关键，也是高等学校发展的核心。我们研究高校人力资源管理，其目的就是要将各类人力资源整合到各项活动中，开发其潜能，转化为资本，实现高校发展目标。研究高校人力资源管理，可使各项工作形成有机整体，充分调动人的积极性、创造性，使各项工作职能得到充分体现，推动高校内部的深层改革，全面提高办学效益。在当今社会，将人视为资源的观念已逐渐深入人心，研究和探讨人力资源管理，可以促进高校实现可持续发展，全面实施人才强校战略。

（一）人力资源与人力资源管理

人力资源是指：包含在人体内的一种生产能力，是表现在劳动者身上的、以劳动者的数量和质量表示的资源。从更广义的角度上看，只要作为生产要素正在使用或尚未开发的劳动人口，都可以视为人力资源。人力资源可分为正在使用的人力资源和尚未开发的人力资源两部分。正在使用的人力资源是指在组织内实际从事各种经济社会活动的人；尚未开发的人力资源是指未参加各种经济社会活动的人。

1．人力资源的特征

人力资源作为一种特殊资源，具有下列特征：

（1）时代性特征。任何人都是在一定的环境背景下成长的，必然打上时代的烙印。一个时代的社会状况，都会影响和制约在这个时代中发展起来的人，使其具有特定的价值观念、道德观念和认知方式等。所以，在对人的管理中，要把人放到其成长的大背景中去考虑。这样才能在人力资源开发的过程中，确立目标和方向。

（2）能动性特征。人在生产力要素中是最积极、最活跃的要素，人具有主观能动性，能主动地、有目的地、有意识地认识世界和改造世界。人力资源具有引导、操纵、控制其他资源的功能。人力资源的能动性可以推动社会发展。对人的能动性调动的好坏，直接决定着人力资源开发的程度和水平。因此，激发和维护人的积极性、主动性和创造性，始终是人力资源管理的精髓。

（3）时效性特征。每个人的一生都要经历一些特定的生理和心理发展阶段，每个发展阶段都有其成长的特性。人的儿童和少年时期，人力资源尚处于储备阶段。人的青壮年时期生理与心理都比较成熟，体力充沛。同时，随着工作经验的

积累和个人素质的培养，各方面的工作能力也进入最佳状态。

在青壮年时期，组织要开发和利用好人力资源，使人的贡献最大化。如果组织对人力资源储之不用，或没有充分地对其开发使用，按照素质衰退理论，一方面，可能导致人的才能逐渐退化，甚至消失；另一方面，过了最佳的生理、心理时期，人的综合素质能力就开始从顶峰下降，这就是人力资源使用的时效性。

（4）再生性特征。与物质资源的一次性开发不同，人力资源在成长和使用的过程中，可以对其不断地进行开发。基于人口的再生产和劳动力的再生产，通过人口总体内个体的不断更替和劳动力的再生产过程，人力资源可以不断地再生产出来，世世代代延续下去。

人的体能消耗到一定程度，经过休息可以再生。人的知识陈旧，也可以通过学习加以更新。因此，组织可以通过各种渠道和方式，促使人力资源的能力在使用中被不断地开发出来，而且当人力资源经过每一次新的开发后，其各种能力能够不断积累起来，以往开发出来的能力，会在新的开发中发挥作用。这又被称为人力资源的“蓄电池”理论。

（5）高增值性特征。人力资源的高增值性体现为：对人力资本的投入，能够获得高附加值的回报，人力资源投资收益率在明显地上升。同时，劳动者自己可支配的收入也在上升。人力资源收益的份额正在迅速超过其他资源，人力资源的经济价值呈不断上升的趋势。

2. 人力资源管理的演进及发展

（1）人力资源管理的演进。1954 年，德鲁克在《管理的实践》一书中使用了“人力资源”一词，并认为，它拥有其他资源所没有的素质。为此，德鲁克要求管理人员在设计工作时，要考虑到人的精神和社会需求，要采取积极的行动来增进对员工的激励，为员工创造具有挑战性的工作，并对员工进行开发。德鲁克的这些主张是与当时的时代大潮相合拍的。正在走向后工业社会的西方国家，组织中员工的素质和需求发生了重要的变化，具有相当知识与技能的员工大量出现，经济需求已不再是他们的唯一需求，员工在组织中的地位受到了重视。正是在这种背景下，人事管理开始向人力资源管理转变。

20 世纪 70 年代以后，人事管理逐步让位于人力资源管理，人力资源管理从此掀开了新的篇章。以事为中心的管理，转向了以人为中心的管理；以控制和约束为主的刚性管理，转向了以激励和引导为主的柔性管理；以极力使用为特征的压榨式管理，转向以使用与培养并重为特征的开发式管理。人力资源管理在更加人性化的同时，也在更加的科学化。人才测评量表的编制、成人学习理论模型的构建、人员管理信息系统的运用等，都促使人力资源管理更趋向专业化，保障管理者能够科学合理地作出人事问题的决策，有效地开展人力资源管理活动。

（2）人力资源管理的发展。20 世纪 70 年代，人力资源管理在世界舞台上正式登台亮相。在 21 世纪，人力资源管理将出现以下的变化趋势：

第一，人力资源管理将成为识别组织实力和优劣的重要指标。人力资源管理的效能，将成为识别组织实力和发展潜力的重要指标。这种趋势在当前已经初露端倪，如《财富》杂志每年评选出美国最佳工作场所的标准，通常就是这些企业的人力资源活动，如工作环境、员工待遇、企业所有权、员工的工作满意度、培训和开发等。

第二，组织的战略规划与人力资源规划的结合将更趋紧密。越来越多的组织已经认识到，如果一个组织想获得或保持竞争优势，唯有将长期性的人力资源规划与组织的战略规划紧密结合，使传统的人事管理走向现代的策略性人力资源管理，使人事管理从后台走向前台，从被动走向主动。只有这样，才能使企业或组织处于优势地位，维持组织的人力资源竞争优势。

第三，人力资源管理手段趋于柔性化。组织将摒弃单一的刚性管理手段，为员工持续提供客户化的人力资源产品和服务，关注员工的职业生涯发展，营造组织与员工共同成长的组织氛围。针对知识型员工日益增多的情况，可突破传统的工时制度，采取弹性工作时间和工作分享等措施，允许员工自行调整工作时间，以此吸引人才和激发员工的工作热情。同时，对工作进行重新设计，重视发挥工作本身的激励性。

第四，愈加重视人力资源的跨文化管理。伴随着经济全球化的脚步，人力资源的获取将打破地域局限，“不求为我所有，但求为我所用”的管理理念，将使组织的人员构成复杂化。来自不同国度、出身不同种族、受过不同文化教育、拥有不同生活经历的人，将在同一个组织中效力。人力资源的异质性程度越来越高，将使组织在价值观引领和多文化共存方面担负更繁重的工作。

3. 人力资源管理的重要意义

从人事管理转向人力资源管理，是一种历史的跨越。现代企业人事管理的重点突破是：一是人力资源强调将人作为一种资源来使用和开发。人是最重要的因素，在管理中不仅重视组织的存在与发展，更要关心组织中的人，特别是要关心人的需要与情感，而人事管理则仅仅是把人当作成本来使用。二是把人力资源管理提到战略性高度，人力资源管理职能直接融入组织的战略形成和战略执行过程中。三是人力资源管理从组织和个人“双赢”的角度，从发展的高度来思考人员管理问题，克服了传统人事管理只重视人的现状，而不重视人才的开发和发展的弊端。在学校规模、结构不断发展和变化的时代背景下，学校借鉴人力资源管理的原理与方法，不仅具有必要性，而且具有紧迫性。

4. 人力资源管理的基本特性

人力资源管理是现代组织的一项基本管理职能，它是以提高劳动生产率和工作生活质量为目的，对组织内人力资源进行预测、规划、考录招聘、培训、绩效考评、薪酬福利发放等各种管理活动的总和。

人力资源为一切资源中最宝贵的资源，经过开发的人力资源可以增值，能给组织带来巨大的效益。人力资源管理部门则逐步变为组织的效益部门，讲究投入和产出，通过建立良好的用人机制，以及对人力资源的再投资，达到人力资源的合理配置，并不断优化，为组织创造价值。其追求的效益包括人才效益、经济效益和社会效益的统一，还包括短期效益和长期效益的结合。

5. 人力资源管理的理论基础

如今，人们对人力资源管理水平的要求越来越高。随着多学科的整合与应用，人力资源管理也逐步发展成为综合性、边缘性的应用学科，它与许多学科发生密切联系。为了更好地把握人力资源管理的产生与发展规律，服务于现代人力资源管理，有必要梳理人力资源理论的产生基础。人力资源管理涉及社会学、法学、人类学、人才学、行为科学、领导科学、伦理学、统计学等相关知识。在此，主要介绍人力资源管理最直接的理论基础。

（1）人力资源管理学的相关理论。

第一，古典管理理论。19 世纪末 20 世纪初，由于生产力的极大提高，对管理提出了更高的要求。管理理论逐步形成和完善。其中最有代表性的有：美国的泰勒、法国的法约尔和德国的韦伯所提出的理论。

一是泰勒的管理理论。19 世纪末 20 世纪初，泰勒的管理思想影响巨大，引发了现代人事管理理论与实践的一场革命。泰勒本人也被称为“科学管理之父”。泰勒的管理思想主要体现在：①人员素质。一个企业的竞争力取决于人才素质的高低。要获得德智双优的人才，需要严格地甄选。②人事相符。将合适的人安排在合适的位置上，每项工作都应挑选第一流的工人。③科学培训。指定标准的工作程序，对工人进行科学的培训，培养一流工人。④科学定额。提出劳动定额应该建立在科学的调查研究基础之上，应成立专门的机构来制定定额。⑤将计划与执行职能分开，成立“职能式”的组织。管理人员负责计划，工人具体执行。将体力劳动与脑力劳动分开，有利于提高效率、降低成本，提高企业生产活力。⑥实行差别计件工资制。以工资作为激励杠杆，促进工人更多更好地完成工作。

二是法约尔的管理理论。法约尔的管理理论成为各种管理理论和管理实践的重要依据，对管理理论的发展有着深刻的影响。法约尔是法国著名的管理学家，与泰勒同属古典管理学派。但是，与泰勒的工人出身不同，法约尔本人跻身于高级管理人员之列，他以一个经理人的眼光对管理加以审视，将管理活动分为计划、组织、指挥、协调和控制等五大管理职能，并提出了关于组织管理和人力资源管理的十四项原则：①劳动分工，促进职能专业化；②权责一致，使权力与责任对等；③强调纪律；④个人利益服从整体利益；⑤公平报酬；⑥适度集权；⑦社会秩序，使每个人在适合自己的位置上发挥出最大的潜能；⑧人员稳定，有序安排、补充人力资源，保证人员稳定；⑨人员团结，和谐产生巨大力量；⑩首创精神，这对企业是一种巨大的力量；⑪领导者率先示范，领导行为的好坏都有示范作用；⑫人员素质，包括身体、智力、道德、一般文化、专业知识、经验等素质；⑬人员培养，从家庭到社会到国家，应全方位地培养人；⑭淘汰没有工作能力的人，以维护工作的高效率。

三是韦伯的管理理论。韦伯被称为“组织理论之父”。韦伯对组织管理理论的伟大贡献在于明确而系统地提出了理想的组织应以合理合法权为基础，没有某种形式的权力，任何组织都不能达到自己的目标。他推崇集权式的科层系统，被归为“科层模型学派”。所谓“科层”是指组织系统的构成特点和规范。韦伯的管理思想可以概括为：①要实现劳动分工，将组织中的全部活动划分为各种基本作业，并分配给组织中的成员；②要进行公开招考，合理任用；③对组织成员身份要有理性认识，职务由契约承担，员工个人人身自由；④建立合理的工资制度与升迁制度；⑤要严格纪律与控制，使之不受任何人的感情因素影响，保证制度贯彻执行。综上所述，古典管理理论强调组织系统的制度化，强调正式的组织体系和等级结构。但是，在古典管理学家的眼中，组织系统是一种机械的组织，对这样的组织的管理也成为机械性的管理。因此，也忽视了组织中人的社会因素。

第二，行为科学管理理论。行为科学管理理论产生于20世纪30年代，以美国哈佛大学教授梅奥等人进行的霍桑实验为标志。在行为科学管理理论的认知中，员工的生产力在相当程度上受到情感与态度因素的影响，而员工的情感与态度，又受到工作环境的强烈影响，包括群体环境、领导风格和管理者的支持等。行为科学管理理论使管理者更加关注组织中的人，改善监督人员的管理工作方式，甚至让员工进行参与式管理，有效地提高了员工的士气，从而产生更高的劳动生产率。梅奥等人的研究理论，促使行为科学在人事管理中的广泛应用。人事管理人员开始设计与实施旨在改进组织内部人际关系的项目，人事管理的职能得到了拓展。

第三，系统管理理论源于 20 世纪 60 年代奥地利生物学家路德维希·冯·贝塔朗菲创立的一般系统论，它是在对古典管理理论进行修正的基础上，重点研究组织系统的活动过程和各种因素相互作用的理论。它早期的代表为美国的西蒙和霍曼斯。在系统管理理论的认知中，所有的管理活动都是团体活动，决策则是许多团体活动的共同结果，而不是等级系列中个人的决定。因此，要加强团队参与；正式组织与非正式组织之间有相互的作用。所以，管理者要更多研究作为社会系统存在的个人和团体因素的作用。

（2）心理学的有关理论。1879 年，德国生理学家冯特在莱比锡大学成立了第一个心理学实验室，并创办了心理学专业杂志，标志着心理学新纪元的开始。从此，心理学从哲学中分化出来，成为一门独立的学科。心理学是研究人的心理过程、心理状态、个性特征规律和客观现实在人脑中的主观印象，及其能动作用规律的学科。

1892 年，冯特的学生莱斯特伯格创立了“工业心理学”，并论述用心理测试的方法选拔员工，研究疲劳及劳动合理化问题，提出通过创造心理条件，使企业获得高效丰产，使工人个人的需要得以满足，从而满足企业与个人双方的利益需求。从此，工业心理学的研究成果，广泛应用于职业选择、劳动合理化，以及建立最佳工作条件等方面。

（3）激励理论。激励理论是管理心理学家从心理学的角度，对人类行为的基本模式加以分析后提出的理论思想。激励，是指通过某种手段，去激发人的动机，或通过一定的方法，使人处于一定刺激的影响下，从而保持一种兴奋状态的过程。主要的激励理论内容如下：

第一，马斯洛的需要层次理论。需要层次理论是行为科学理论之一，由美国的心理学家亚伯拉罕·马斯洛于 1943 年在《人类激励理论》一文中提出。马斯洛将人的需要归纳为七个层次：①生理需要，指能够维持人类自身生存的基本需要。②安全需要，具体指人对人身、工作、健康、家庭安全、各种保障、社会秩序等方面的安全需求。③社交的需要，指人的情感和归属的需求。④尊重的需要，指人们自尊和被人尊重的需要，在表象上反映为寻求他人的赏识，寻求荣誉和地位的需求。尊重需要如果得到满足，可以使人充满信心，对社会满腔热情，体验到人活着的用处和价值。⑤求知需要，指人们获得对外部世界认知的欲望。⑥求美的需要，指人们寻求匀称、整齐和美丽的愿望。⑦自我实现的需要，指人们希望自身发展，实现自己人生价值的需要。这是最高层次的需要。自我实现的需要是努力实现自己的潜力，使自己越来越成为自己所期望的人物。这七个方面的需要呈现为由低到高有序的排列层次，并遵循递进规律。一般情况下，人的各种需要同时存在，但强度不同。当人们某个时期最重要的需要得到相应满足后，他就会产生更高层次的需要，并且，人的需求层次也有跳跃发展的情况。

第二，公平理论。公平理论又称社会比较理论，它是美国心理学家亚当斯于1962年在《工人关于工资不公平的内心冲突同其生产率的关系》等著作中提出的，主要探讨奖酬分配的公平性对工作人员积极性的影响。该理论认为，工作人员的工作积极性会受到绝对报酬和相对报酬的双重影响。每个工作人员都会自觉不自觉地把自己的劳动付出和所得的报酬同社会其他与自己水平大体相当的人进行比较，同时，也会将自己现在的劳动付出和所获得的报酬与自己过去的劳动付出和所获得的报酬相比较，并对公平与否作出判断。通过比较，如果认为适当，就会产生一种公平感，产生积极的心理效应。反之，产生不公平感，从而产生消极的心理效应。所以，从某种意义上来讲，动机的激发过程，实际上是人与人进行比较，作出公平与否的判断，并据以指导行为的过程。

6. 中国高校的人力资源管理模式

我国高校经历了多年的发展，已经形成了一支政治可靠、质量优良、学科齐全、能胜任教学科研任务的高校教师人力资源队伍。特别是实行改革开放以来，我国高校人力资源开发和建设方面取得了一定成绩，成为振兴我国高等教育事业的希望和保证。

我国高等学校教师职称设置为教授、副教授、讲师、助教四级。其中，教授和副教授为高级职称，讲师为中级职称，助教为初级职称。在评价一所高校师资队伍基本素质时的重要指标有生师比、生员比、专任教师比例、教师的职称结构、学历结构、年龄结构、专业结构、学缘结构等。

在职称结构方面，由于我国不断加大教育投资力度，进行教育改革，注重培养和选拔学术骨干，优化教师队伍结构，使教师的职称结构有了较大的提高和改善。近年来，为提高教师队伍素质，教育部和高校都采取了很多措施。例如，中华人民共和国教育部建立了青年教师出国留学的项目——“青年骨干教师出国研修项目”，从 2005 年开始，每年有 5000 名高校青年骨干教师获得到国外一流高校攻读博士学位，或从事科学研究的机会。从整体上来看，我国的高校教师队伍是朝着优化教师结构和高校教育事业的方向发展。

（1）人员招募与甄选。《中华人民共和国教师法》规定，高等学校实行教师资格制度。中国公民凡遵守宪法和法律，热爱教育事业，具有良好的思想品德，具备研究生或者高校本科毕业学历，有相应的教育教学能力，经认定合格，可以取得高等学校教师资格。不具备研究生或者高校本科毕业学历的公民，学有所长，通过国家教师资格考试，经认定合格，也可以取得高等学校教师资格。

高等学校的教师应当具备下列基本条件：一是取得高等学校教师资格；二是系统地掌握本学科的基础理论；三是具备相应职务的教育教学能力和科学研究能力；四是承担相应职务的课程和规定课时的教学任务。教授、副教授，除应当具备以上基本任职条件外，还应当对本学科具有系统而坚实的基础理论和比较丰富的教学、科学研究经验，教学成绩显著，论文或者著作达到较高水平，或者有突出的教学、科学研究成果。

《中华人民共和国高等教育法》规定，高校实行教师聘任制。教师的聘任应当遵循双方地位平等的原则，由学校和教师签订聘任合同，明确规定双方的权利、义务和责任。从实践来看，高等学校普遍坚持了“按需设岗、公开招聘、竞争上岗、合同管理”的改革方针，学校根据学科、专业的设置及发展需要，设置岗位，面向全体教师进行公开招聘、竞争上岗，使教师任职体制朝着体现竞争、激励，调动积极性的方向推进了一大步。例如，广东省高校全面推行教师职务聘任制，加强高校教师队伍建设；北京市属高校实行教师聘任制，教授不再终身制。

在内部实现公开竞聘方式选聘教师的同时，也采取了面向社会公开招聘教师的方式，而且坚持得比较好。许多高校为了更好地聚集高层次、高水平人才，改善教师的学历和年龄结构，采取了面向社会公开招聘的方式，特别是在吸引拔尖人才、学术带头人等方面，力度很大。近些年，一些高校通过面向社会公开招聘，的确聚集了相当数量的优秀人才，为学校的发展提供了人才和智力支持。

（2）人员激励。人力资源管理的核心是激励。所谓激励是指，通过了解人的需要，激发人的内在动机，使其朝所希望的目标前进，亦指激发、鼓励、调动积极性的过程。有效的竞争激励机制能吸引、开发和留住人才，能激发人们的工作热情、想象力和创造力。在激励的内容上，要将物质激励与精神激励相结合。

（3）人员培训体系。高校教师培训，是全面提高教师素质的基本途径，也是提高教育教学质量和办学效益的基础。国家非常重视教师培训工作，通过立法强化教师在职培训。

开展多种形式的培训：副高级以上教师的培训，一般以国内外访问学者为主。助教或未定职教师的培训以助教进修班或进修单科主干课程为主，一般进修时间为半年或一年。凡列入年度计划之内的培训，其学费、旅差额等全部由学校支付。

为更好地落实学校与教师个人二者在培训工作中的权利和义务，进一步调动教师参加培训的积极性，将教师培训与教师的考核、职务晋升、实施奖惩等结合起来，形成了有效的激励机制和制约机制。

（二）人力资源管理理念的创新方式

在高校中，人力资源管理的概念占有重要地位。高校如果想稳定发展，就需要发展人力资源管理，只有这样，才能有效提高高校的整体办学水平。一个高校的人力资源管理不仅包括教师员工的教育背景和工作水平，还包括教师员工的其他综合素质。在工作中，必须加强人力资源管理，只有将高校的人力资源发展好了，才能使高校在竞争中具有优势。在社会经济发展越来越快的今天，传统的人力资源管理方式已经不适合今天的高校，以更现代的视野进行创新，发现管理过程中的劣势之处，才能实现高校的长远发展。在高校的发展过程中，人力资源管理的创新理念越来越重要。现代高校人力资源管理理念的创新包括以下两个方面：

第一，更新管理理念，打破现有管理方式的桎梏。现有的人力资源管理普遍侧重于教师员工管理，基于此，教师员工的自我创新意识是有限的，因此，应从管理转变为启蒙。在以教师员工为中心培养教师员工专业技能的同时，还应关注教师员工的整体素质发展。这种管理理念是现在高校所需要的，值得在众多高校中推广和使用。

第二，要创新管理者与教师员工的关系。在我们不断更新管理方式的同时，还要提高管理者对教师员工的服务意识，使高校人力资源管理得到全面发展。在市场竞争越来越激烈的今天，高校管理者越来越重视人力资源管理的价值。

1．转变传统管理理念

传统的人力资源管理是指对高校内部人员的管理，教师员工在进行工作时必须听从上级的指示，教师员工们很难有机会发表自己的意见，教师员工的创造力也受到了限制。从创新的层面来看，人力资源管理需要一种新的管理模式，在进行高校人力资源管理的过程中，应该将管理成本和资源等各项因素全都考虑进去。创新管理理念关系着高校的发展，要通过管理，定期对教师员工进行培训，根据教师员工的综合素质及时调整教师员工的工作，让他们能够在工作中充分发挥潜力。与此同时，还应该了解教师员工的心理状态，与教师员工及时进行沟通，加强教师员工的工作主动性。长久以来，高校管理人力资源的方式一直都在创新发展，不断改革，与时代的发展相匹配。创新说起来容易，实则不然，所以高校管理者需要进行根本性的变革，为高校发展奠定良好的基础。

2．树立人本管理新理念

如今，科技在发展，市场竞争也越来越激烈，对人才的需求日益增加，在高校发展的过程中，要为教师员工制订合理的培训计划，培养教师员工的综合能力。高校对人才的培养要以人为本，将教师员工的切身利益放到重要地位。

在人力资源管理理念上，高校可以树立以教师员工为本的理念，由此来提高教师员工在工作中的积极性，提高工作效率，为高校创造出更大的价值。高校的发展是教师员工和管理者双方共同努力的结果，而只有真正让人力资源管理理念得到创新，赋予人力资源管理新的活力，才能让其成为高校发展的更大动力。

总而言之，一所高校要想实现可持续发展，就必须将人力资源管理放在重要位置，并且不断创新、完善高校的人才体系。如此，才能使高校有活力地发展。在管理过程中，要创新人事管理理念，构建适合高校和教师员工的完整体系，让教师员工能够在高校中得到更好的发展，让高校的发展更长远。

（三）高校人力资源管理的机遇与挑战

1．高校人力资源管理的机遇

（1）从经济社会发展的宏观背景来看。中国特色社会主义建设的伟大实践，为高等学校的发展提供了条件、机遇和动力。《国家中长期科学和技术发展规划纲要》明确提出，要加快建设一支学风优良、富有创新精神和国际竞争力的高校教师队伍。这是一个催人奋进的战略目标，为高校加强人力资源管理，加强师资队伍建设，培养造就高素质人才队伍，提供了良好的机遇。

（2）从人民对高等教育的需求来看。如今是我国高等教育可以大有作为的重要战略机遇期，是一个“黄金发展期”。随着人民群众生活水平、消费结构和教育观念的变化，社会对教育的需求向着高层次、高质量和多样化的方向发展。人民对高质量的高等教育需求，对于加强高校人力资源管理，培养提高整体师资水平，既是严峻的挑战，又是难得的发展机遇。“高素质教师和管理队伍建设工程”，作为教育振兴行动计划的六大工程之一，在构建教师教育体系、完善教师终身学习体系、加快提高教师和管理队伍素质、深化人事分配制度改革、推进全员聘任制等方面，提出了明确的目标和要求，为高校加强人力资源管理提供了平台和方向。

2. 高校人力资源管理的挑战

自20世纪90年代以来，世界经济呈现出新的变化，知识经济初现端倪，人才成了竞争和合作的决定性因素，成为国际间、企业间争夺的最重要资源。在今天，随着以信息技术为中心、高科技产业迅速发展的新经济时代的来临，谁拥有高素质的人才，谁就会在世界竞争中取胜；谁忽视了人才，谁就会失去竞争力。

因此，吸引和培养优秀的人力资源，已成为国家竞争的焦点所在。人力资源越来越成为国际竞争格局中的关键性、战略性资源，教育水平的高低，越来越成为国家综合国力和国际竞争力的关键因素，世界各国都把教育摆到现代国家发展战略的优先位置，更加重视教育的发展。在这个背景下，教育，特别是高等教育的地位、作用和功能，将发生深刻的变化，高校人力资源管理面临着许多新的重大变化。

（1）从高等教育外部来看。高等教育国际化和我国社会主义现代化建设的快速发展，高等学校所承担的历史任务和生存发展的外部环境，都发生了巨大的变化。如今人类步入信息化、全球化的知识社会，人才资源越来越成为最重要的战略资源，教育在综合国力竞争中越来越具有决定性作用。加强高校人力资源管理，改革发展教师教育，加强师资队伍建设，提升高等教育实力，日益成为各国高等教育竞争的首选战略。

实施科教兴国战略和人才强国战略，构建国家创新体系，培养数以亿计的高素质劳动者、数以千万计的专门人才和一大批拔尖创新人才，满足人民群众对于优质教育日益增长的需求，构建学习型社会，高等教育责无旁贷，任务艰巨。面对高等教育国际化和办让人民满意的高等教育的新形势和新任务，高校人力资源的作用显得更加突出，进一步加强高校人力资源管理，显得更加重要、更加紧迫。

（2）从高等教育内部来看。随着我国高等教育的改革发展，高等教育步入大众化阶段。我国的高等教育改革正从宏观政策、结构调整向微观的高校核心竞争力培育转变，各高等学校在师资、生源、教育质量、办学效益和毕业生就业市场等各方面的竞争显得尤为激烈。人力资源是高校第一资源，也是核心资源，高校之间的竞争主要表现为人才的竞争，高校的发展取决于其人力资源的素质和活力。

如何适应高等教育国际化和社会主义市场经济条件下高等教育大众化的特点，吸引和留住高水平的人才，激活现有人才的聪明才智，调动他们的积极性，充分发挥高校人力资源在提高学校核心竞争力、提高人才培养质量、提高教学科研水平、增强综合办学实力中的重要作用，是高校人力资源管理面临的重大挑战。为在激烈的竞争中立于不败之地，我国多数高校已经相继开始新一轮的内部管理改革。

在这一改革中，人力资源管理改革是其中的关键。因而，新一轮的人才流动正在全国高校内外展开。为激活现有人才活力，吸引高层次人才，各高校纷纷出台一系列人力资源综合改革方案。其主要表现在：实行聘任制；解决学术近亲繁殖问题，让人才流动起来，提升学科竞争力；内部晋升与外部公开招聘相结合，择优聘任；实行学科淘汰制，对各学科在一定范围内进行综合排名，对不具有竞争力的学科实行整体淘汰制（即解散学科）。

（3）从高等教育自身发展来看。高等学校在人才培养、科学研究和为社会服务等方面，发挥着越来越重要的作用，高等学校与社会经济的结合越来越紧密，传播文化和国际交流的任务越来越繁重，高等学校水平高低，正在成为一个国家综合国力和文明程度的重要体现。

决定高等学校水平高低的，主要是学校的教师，即这个学校所拥有的精英人才。建国际一流高校，关键和重点是一流的师资，也就是一流的精英人才。事实上，当前国际竞争空前激烈的主要焦点就是人才，也就是精英人才资源的争夺和竞争。换言之，有了某一方面的精英人才，就拥有了该方面的核心技术基础、技术创新能力和战略竞争力。

（四）加强高校人力资源管理的策略

1．确立人力资源管理的战略地位

（1）定位要高。高校人力资源管理的定位，必须与高等教育改革与发展的战略部署相适应。要把高校人才资源管理定位在人才集聚中心这样一个高度，围绕这一定位做好人才的管理、开发和利用。

（2）突出主体。高校人力资源管理，必须突出重点，主要应围绕开发利用好教学科研主体性资源进行。原则上而言，作为一个人才资源高地，高校必须有开发和集散各种类别、各种层次人才资源的能力，这也是高校人力资源开发与管理的最终目标。但是，就其构建的重点来看，高校人才资源的管理，首先必须是突出教学科研人才资源的主体性地位。这就要求在高校人力资源开发与管理的战略和政策设计方面必须突出主体，突破人力资源管理与开发上的重点，从而最终起到以点带面的效果。

（3）讲求实用。高校人力资源管理必须实事求是，讲求实用性，即经过努力可以达到。这既包括在总体目标设计上要具有现实性，也包括各具体目标，例如人事分配制度改革，人才引进、稳定、利用，人才培训，能力建设，结构调整，优化配置，等等，设计上要具有很强的实用性和可操作性。

2．创新人力资源理念

人力资本投资是效益最高的投资，是回报最好的投资。高校作为人才培养、知识和科技的摇篮，人力资源潜力巨大。要把潜力转化成促进经济发展和社会进步的生产要素，就必须强化人力资源开发工作。对内要重视人力资源的能力建设，加强对人才的适应能力、学习能力、创新能力、运用信息能力和跨文化交流能力等方面的培养和开发，建立与市场经济体制相适应的高校人力资源开发管理体制，优胜劣汰，优化组合，合理使用教师编制，发挥人的潜能，减少内耗；对外则围绕市场，广纳贤才，不求所有，但求所用。

3．创新人力资源管理机制

（1）创新内部管理机制。积极探索有利于团队建设和发展的内部管理机制，从改革基层学术组织结构着手，不断转变人力资源管理的职能，使其由行政权力的控制转为服务支持。经常与下级沟通，形成共识，建立互信。突破旧规则，抛弃旧方法，采取灵活的管理技巧，争取更多的机会，激发人力资源管理的潜能。

通过有效地协调人与人之间、人与事之间的各种矛盾，使之保持一种均衡的状态。在制度管理上，要进一步深化内部人事管理体制改革，突破原有的思维模式和运作方式，不断满足人的物质的和精神的需求，努力构建有利于创新人才培养和高层次人才集聚的制度环境，逐步形成人员能出能进、职位能上能下、待遇能高能低的合理局面。

（2）建立人力资本积累机制。提高职工素质、增强职工能力，是现代每一个组织求得发展的重要因素。在知识经济时代，面临世界新技术革命的挑战和人才的激烈竞争，信息和知识的发展迅速倍增，若不持续地学习和及时地掌握新知识，就会失去原有的优势。作为知识和科技发展前沿阵地的高等院校，应始终站在学科发展的最前沿，了解最新的世界研究方向和动态，通过建立多重学习型组织，促使学科建设发展。这就从根本上对高校人力资源的开发与管理提出了要求。

另外，由于社会及经济处于迅猛发展阶段，为高等教育的发展提供了源源不断的新的增长点，使得高等学校人才资源的储备方式必须是动态的，具有前瞻性和预见性。学校人力资源管理部门必须加强对员工的培养学习，做好人才资本的积累与更新。与此同时，人事管理部门要做好基础性工作，收集详细的基础资料，分析数据，提出科学的人力资源结构方案，增强人力资源管理的针对性和有效性。在人才引进、教师培养、机构设置等方面，都要进行深入的调查分析研究，以科学的数据为前提，分析预测，合理安排教学、科研和管理人员的比例，构成合理的人才梯队，保持学科建设和教学工作的可持续及其快速增长。

（3）建立多元投入机制。要加大投入力度，统筹配置各类资源，进一步加强高校发展性投入中用于师资队伍建设的比例，在重大建设项目经费中划出一定份额，用于高层次人才队伍建设。同时，要拓宽融资、筹资渠道，建立多元化的师资队伍建设投入机制。

4. 发展电子化人力资源管理

（1）电子化人力资源管理的优势及作用。随着时代的进步和互联网的高速发展，人类将全面迎来电子信息化时代，在这种时代背景下，人力资源管理也发生了变革，同时也促进了电子信息技术和人力资源管理共同发展，于是产生了一种新的人力资源管理模式——电子化人力资源管理。

实施电子化人力资源管理是以高科技的软件、具有大容量和高速运转效率的硬件作为基础，实现信息处理自动化、外协和共享服务、集中式信息库、教师员工参与服务。使用电子化设备和技术管理人力资源流程，有利于高校人力资源管理效率的提升、成本的降低、教师员工服务模式和目的的改善。总而言之，高校要充分发挥互联网和计算机技术的作用，取代人力资源管理部门的部分职能，与高校现在使用的网络技术紧密连接，让高校的人力资源管理与时俱进，与技术的革新共同发展和进步。

（2）电子化人力资源管理的优势。以往高校的人力资源管理主要是利用手工操作，电子化人力资源管理的优势更加明显，主要体现在：

第一，电子化人力资源管理以互联网为基础，将互联网技术的优势充分发挥出来，推动人力资源管理效率的提升，帮助高校减少管理成本和支出。

第二，人力资源管理工作在电子化人力资源管理系统的作用下，更具客观性和透明性，使得高校下移人力资源管理重心，这点是传统的人力资源管理方式无法实现的。

第三，分布式应用和集中式数据管理是电子化人力资源管理的主要功能模块，在这种管理模式下，利用全面网络工作方式，能够推动高校全面共享信息。由此，人力资源管理部门开展的工作便突破了空间和时间的限制，实现了高度的连续性和一致性。

（3）电子化人力资源管理的价值体现。电子化人力资源管理方式与以往的人力资源管理方式相比，不仅利用计算机和互联网代替了人工操作，更重要的是带来了人力资源管理方式的革新，其价值主要包括：

第一，与教师员工自主发展的需求相适应。个性化的人力资源规划是知识型教师员工自身发展的重要内容，要求教师员工自主决策自己职业中的激励措施、职业生涯规划和薪酬福利计划等内容。人力资源管理部门可以充分发挥出网络平台的动态性和交互性特征，与教师员工的擅长方面和需求相结合，对他们的培训、工作、学习和激励进行合理安排，实现教师员工的自我管理，让他们对自己的职业生涯规划进行自主把握。

第二，推动人力资源管理效率的进一步提高。大量程序性和事务性工作共同构成了人力资源管理的业务流程，涉及教师员工培训、绩效考核、沟通、退休、招聘教师员工、退职、薪酬福利和激励等多个方面，教师员工在这些工作方面的需求都可以通过电子化人力资源管理系统的自主服务、共享服务和外协等功能实现，这种无纸化办公的形式不仅帮助教师员工节省了许多时间和精力，显著提升了工作效率，还有利于人力资源管理对核心事务投入更多的时间和精力。

第三，提高了高校人力资源管理水平，让高校开展人力资源工作的速度不断加快。在计算机网络和数据库的作用下，电子化人力资源管理为高校的人力资源管理提供了更多科学性，彰显出管理的公平性和透明化，从而不断提高高校人力资源管理水平。

第四，加强了高校内部互相交流和与外部业务伙伴的联系。高校的部门和教师员工会随着组织规模的扩大而增加，这必然会对教师员工之间、高校与外部业务伙伴之间、各部门之间的高效沟通产生不利影响。电子化人力资源管理的运用让网络发挥了桥梁的作用，让高校教师员工之间的沟通突破时间、空间和不同部门的限制，变得更加频繁和密切，推动高校和外部业务伙伴积极主动共享知识、人才和技术等方面的资源和信息，从而提高高校对市场的适应能力。

（4）人力资源管理信息化建设的原则。人力资源管理信息化建设是一项范围广、投入大、周期长的系统工程，是一项关系人力资源事业发展全局的战略举措，涉及组织结构、管理理念、业务流程甚至高校文化，是各项工作的整合。要成功地实施人力资源管理信息化，必须遵循一定的原则。

第一，坚持循序渐进原则。人力资源管理信息化是贯穿于人力资源管理全过程的动态过程，是一项长期而艰巨的任务。循序渐进原则，要求考虑人力资源管理的需求，重点突破，务求实效。在不同阶段完成不同的任务，逐步完善人力资源管理信息化建设。当人力资源管理信息化尚处于初始阶段时，这个阶段的主要任务包括：对人力资源基础进行有效管理，推动专业化行政管理队伍和人事管理队伍的建立和完善，指导业务团队和教师员工的相关人力资源管理工作，在教师员工对决策层的决策实施的过程中进行科学有效的引导，对人力资源管理系统所需要的基本模块进行选择，防止产生过度追求完美的人力资源管理系统而浪费资金和时间的现象。人力资源管理信息化的规范化管理阶段，主要任务是规范人力资源管理、优化业务流程，满足灵活的组织架构调整和基础人事事务处理及信息维护需求、薪资管理需求及教师员工社保福利管理需求。可以通过人力资源系统的标准模块，提供人事、薪资、社保福利等常用报表，提供个性化需要的自定义报表，满足人力资源分析需求。

第二，坚持电子文件与纸质文件并存原则。在人力资源管理过程中形成了大量的信息，既有纸质文件又有电子文件。随着办公自动化的发展，人力资源电子文件信息越来越多。在很长一段时间内，对高校来说具有很大作用或巨大价值的人力资源文件，在保存电子版的同时也要保存好相应的纸质文件。而且这些电子文件要按照一定的依据进行归类，这个依据一般是记录信息的保存价值，同时要保障这些文件的安全性。凡是实现了办公自动化的单位，都要实行电子文件和纸质文件的归档双轨制。人力资源部门要从人力资源管理的特点出发，对单位办公自动化的设计和建设提出人力资源管理和电子文件归档方面的要求，不断完善高校人力资源管理系统的信息化建设，从而以信息化水平的提高推动现代化管理水平的提高。

第三，坚持强化管理与资源共享原则。要想提高高校的人力资源管理水平，信息化技术和手段都是基础，最重要的是要不断提升高校管理人员的素质和能力。信息化程度与管理水平是相辅相成的，人力资源管理信息化需要与之相适应的管理，同时信息化又必然能够提高整体管理水平。各单位、各部门要从信息化建设的全局出发，善于利用和充分发挥出单位部门已经具备的信息资源和网络基础业务系统，并实现信息系统的整合和资源配置，让各个部门和各个单位之间能够共享信息和共建信息。

总而言之，信息化技术和系统在高校人力资源管理中的应用，将对高校现有的人力资源管理方式进行变革，极大地提高人力资源管理的现代化水平，促进高校的发展。

（5）电子化人力资源管理的应用对策。随着电子化人力资源管理的广泛应用和发展，其具备的重要性和不完善性越发凸显，对于我国的高校而言，合适的电子化人力资源管理项目的建立和应用对于高校发展来说至关重要，这是推动高校管理水平和管理效率不断提升的重要途径之一。各高校应该从以下方面出发来建立适合自身发展的电子化人力资源管理项目：

第一，建立深入人心的“以人为本”的高校文化。对于一个高校而言，不能只把“以师生为中心”当作口号，而是应该以此为出发点，制定适合高校发展、受教师员工和部门肯定的经营战略，共同致力于更好地服务客户。由此，才能朝着良好的方向推动变革和重组高校文化，在文化环境方面为实施电子化人力资源管理奠定基础。

第二，不仅是对教育资源进行选择，更是对合作伙伴进行选择。电子化人力资源管理对于高校而言，并不是一个简单的软件产品，而是一个极其复杂的项目管理，包含系统应用管理、培训、系统规划、系统实施和二次开发、系统维护和升级等多个环节和程序。所以高校对电子化人力资源管理项目进行选择时，不能只对产品的价格和特征进行关注，还要重点关注供应商的综合实力，主要包括供应商的服务能力、高校的发展前景、产品技术的框架结构、供应商业务的发展趋势等。电子化人力资源管理项目成功的必要条件是选择的供应商必须在电子化人力资源管理方面具备丰富的经验、优秀的产品和雄厚的实力。

第三，必须持续发展和长远规划，欲速则不达。高校对电子化人力资源管理项目进行选择时，一定要与自身的实际发展情况相结合，不能盲目跟风、急于求成。电子化人力资源建设的长期规划是电子化人力资源管理项目成功建设的重要基础，有利于良好的规范行为、网络环境、流程和人力资源管理的形成。在建设电子化人力资源管理的过程中，要遵循从简到繁的原则，先从简单的管理系统着手，降低通过手工操作处理事务性工作的次数。与此同时，高校的其他信息系统也要与电子化人力资源管理系统建设相连接。

第四，规范化管理高校的人力资源是对电子人力资源管理进行选择的重要出发点和着手点，最关键的是要结合高校制定的人力资源战略。高校可以通过多样化的方式和手段保持和提升自身的竞争力和竞争优势，如通过制定战略管理高校人力资源。高校要对人力资源的相关流程和规范行为进行完善，电子人力资源管理的先进性要求高校必须使用先进的人力资源管理思想进行正确、合理的指导，而且高校首先要让教师员工认可和接受这些先进管理思想。

总而言之，电子人力资源管理将高校人力资源管理工作的价值和意义进行升华，拔高到高校的战略层面，它的目标是推动高校战略实施能力和组织管理能力的不断提高，它建构的任职管理体系以能力素质模型作为根基和前提，它搭建的激励和评估体系以绩效管理为重点和中心，它建立招聘和培训体系的目的是推动教师员工整体素质能力和素养的提升，让高校实施的人力资源战略更具现代化水准，全体教师员工都是其中的重要参与者。

第六章　高校行政管理执行力的流程创新再造

第一节　高校行政管理的变量关系模型

对高校行政组织机构相关理论的梳理，目的在于寻找高校行政组织机构研究的理论依据，构建高校行政组织机构研究的理论框架。研究高校行政组织机构变革，关键是找准高校行政组织机构的影响要素。高校行政组织机构研究涉及多个理论，具体到高校行政组织机构的变量因素，则主要以现代行政组织理论为基础。

要充分了解一个组织，应该对其展开全面、系统的研究。系统的研究需要将相关要素组合在一起，系统化的研究不能单独运行，而需要外部环境的投入，将外部环境的要素转换为内部因素，最后再输出。输入和输出充分展现了系统和环境的内在关系。组织中的各项元素都相互影响和作用，并在相互协助的基础上相互依存。组织属于开放性系统，需要具备适应环境的能力，这也是组织得以长期生存和发展的必要前提。任何组织都不能依靠内部运行保持存在，在外部环境的影响下，组织必须不断适应新变化，并且，世界上没有完全封闭的系统。现代高校也属于开放系统，其行政组织亦是如此，并且，高校的行政组织机构符合系统开放模式。系统开放模型注重组织内部与周边以及各相关因素之间的互惠互利关系，开放系统主要包含环境、转化等多种影响因素，并形成循环往复的运行模式。

开放系统由诸多子系统以及相关要素组成，开放系统注重内在子系统的相互影响和作用，四个内在子系统包括个体系统、政治系统、结构系统以及文化系统，与此同时，这些子系统中的要素受制于技术环境以及技术核心，换言之，系统内外因素影响系统行为，并受到内在子系统的影响。如果想让组织得以生产和发展，必须解决好内外部因素之间的关系问题以及如何达成目标等问题。高校的行政组织开放系统模式包含以下内容：

一、内部因素

在研究行政组织机构的影响变量时，首先应该考察影响行政组织机构内部系统的因素。结构系统是组织的正式责任及具体需求，也是为了实现组织目标的正式科层期望，详细地规定了组织角色、职位以及行为规范。在高校行政组织机构中，结构系统主要包括角色和科层期望、职位和部门层级、相关的规章制度以及组成结构，行政组织机构承担的角色由机构部门和职位的构成、管理跨度、分工程度、规范化程度、人员配比以及内部结构系统决定。

个体系统包含成员个人需求、个人目标、个人信念以及认知，在高校的行政组织机构中，个体系统主要表现为行政人员的个人需求以及认知程度，他们的行为受到诸多因素的影响，包括个人目标、个人期许以及自我控制能力等。文化系统主要包含机构员工的共享理念、价值观、理解能力以及信念等，组织和组织之间可以通过文化被区分，这为组织内部的员工提供了强烈的认同感和归属感。在高校的行政组织机构中，受行政人员的共享信念以及非正式规范的影响，行政文化由此产生，最终以行政组织机构的管理特点、形态以及行为等体现出来。政治系统是指系统与系统之间的权力关系，如果结构系统可以代表组织机构的正式权威，文化系统可以催生非正式的权威，个体系统可以在组织中融入专业的权威，那么，政治系统具有非正式性，它可以将组织内部的诸多因素融合在一起，既对立又统一，且最终影响组织行为。

二、技术核心

技术核心是组织最核心的转化过程，它的主要目的是完成组织使命和责任，所有组织都和系统内部的技术核心息息相关。高校的组织核心是完成学术活动，包括培养专业人才、科学研究以及服务社会等，高校组织的定位是由学术属性决定的，换言之，高校组织是学术组织，组织核心是完成学术活动和学术使命，其他活动都应该后于这项活动。

基于高校的学术属性，高校行政组织机构产生，该组织机构的运行应该以实现学术使命以及完成学术活动为核心。学术活动的开展以高校的属性为基础，为管理高校以及形成策略提供有效依据，这也是高校行政组织机构改革的主要原因。但是，高校的属性一旦偏离学术属性，其他属性就会占据主导地位，由此，高校的技术核心也将与学术活动产生偏离，进而影响高校行政组织机构。所以，学校的技术核心取决于高校的属性和定位，并且，高校的属性和定位是影响组织机构的不可控因素。

三、环境

环境包含组织边界以外的所有影响因素。组织在现代组织理论中被认定为开放系统，所以，组织和环境之间存在互动关系，这种内在联系决定着组织的生存和发展。另外，组织和环境的关系主要通过输入和输出表现出来。环境将系统边界以外的事物全都包含在内，可以影响边界内的属性和特征，还可以影响开放系统中的元素。组织也属于开放系统，它需要的资源也可以从外部环境中获得，经过不断适应和运转，将外部资源转化为内部资源，再将内部资源输送给外部环境，在环境的相互影响下组织和开展内部活动。另外，开放系统对环境具有依赖性，环境影响开放系统。在高等教育系统中，任何组织都不断变化和发展，它们相互之间不断产生信息、物质交流。所以，对各高校而言，学校的环境特征主要表现在中央管理者、地方政策以及其他外部环境的管理和交流中。高校和大环境之间存在输入和输出的关系，因此，高校行政组织机构应该与大环境保持良好的平衡状态。

高校行政组织机构的运行流程如下：从外部环境中寻找所需资源，比如机构的组织使命、人力资源、社会资本等；组织机构内部的转化过程，主要包含子系统之间的相互影响以及实现机构内部的技术核心；从转化过程中产生输出，包含组织机构中的组织效率、服务水平及质量等。环境不仅可以为高校行政组织机构提供很多资源和机会，还可以约束组织机构。高校发展不仅离不开政府和社会的支持，也离不开政治环境、文化环境和经济环境等。我国政府非常重视高校的发展。政府可以为高校发展提供有效资源，并且，政府采用的是宏观管理政策，宏观管理直接影响高校行政组织机构，所以，政府变成了高校改革、发展的重要因素。与此同时，高校的内部组织和其他系统存在必然联系，正是由于这些系统之间的联系，高校行政组织环境由此形成。另外，高校行政组织机构的运行模式与高校的内部管理体制紧密相连。所以，政府的宏观管理以及高校的内部管理机制共同组成了高等教育管理机制，在高校行政组织变量中，这种管理机制成为变量关系中的另一个自变量。

四、组织目标

从组织的设计理论来看，组织的管理目标非常明确，不同组织结构由不同组织目标决定，在设计和改革高校行政组织机构的过程中，应该以高校的组织活动目标为基础，确保高校实现组织目标。在这个过程中，衡量目标是否实现的指标是绩效，所以，组织目标必须充分协调人、物和财的关系，进而达到最好的办学效率及效益。根据教育经济学的理论来看，教育需要消耗大量资源，并且，还会受社会成本等经济因素的影响，所以，高校应该充分考虑学习者的竞争以及高校本身的竞争。随着教育市场竞争的加剧，高校必须依据学习者的需求重新规划发展途径，因此，高校之间的竞争提升了组织的内部竞争，使高校内部的组织效率不断提高，并不断优化投入产出。

与此同时，高校还属于非营利性组织机构，一般情况下，非营利性组织的财政资源来源于政府拨款，而不是源于产品销售。非营利组织的经理人需要承担服务客户的义务，因此，经理人必须时刻关注组织机构的运营成本以及资源利用情况。另外，还存在一个问题，即非营利性组织没有设置惯例“底线”，所以，经理人时常需要寻找高效率的组织形式，以拥有实现组织目标的资源量，此资源量建立在具有一定水平的原材料上。在高校组织运行的过程中，必须充分考虑高校的办学效率，所以，在众多的变量关系中，高校行政组织机构的办学效率属于非常重要的自变量。

五、系统边界

系统和环境通过系统边界区分开来，系统边界规范系统活动的范围，让系统和外界环境保持各自的独立性。封闭的边界线不能渗透；与封闭系统相比，开放系统的边界线比较模糊，并且，开放系统和周围的环境系统可以相互渗透。但是，高校自身具有独特的属性，内部具有完整的高校职能和子系统，这也决定了高校的自治和独立，此外，高校与环境形成了良好的关系和边界线。

高校职能得以实现的重要保障是高校的学术属性边界清晰。高校行政组织机构的学术属性让它和其他社会组织机构截然不同，所以，高校应该高度重视自身的学术属性边界，并在此基础上与外界环境保持良好的平衡状态。

六、反馈

信息反馈过程是信息交换和修正的过程，该过程连接内部系统和外界环境。高校的开放系统中存在内部和外部反馈环。高校行政组织机构存在四个内部系统，四个系统相互影响，共同形成了行政组织机构的组织行为。另外，在外部环境的影响下，高校行政组织机构的组织行为受到诸多因素的影响，形成了互动函数。

除此之外，高校行政组织机构和外界环境相互交流，互通信息，并给予相应的信息反馈，比如，当高等教育管理体制发生改变时，高校行政组织机构也会调整和改变自身职能；当高校的属性和定位发生改变时，高校行政组织机构也会改变运行目标；当高校改变投入和产出绩效时，高校的规模和设置也会发生变化。所以，内部反馈环和外部反馈环可以强化组织机构的适切性，并且，高校的变革也是依据系统内部和外部的积极影响开展的。

通过对高校行政组织机构开放系统模式的研究和分析，可以大致总结出高校行政组织机构的影响因素和变量主要包含：高校行政组织机构中的个体系统、结构系统、政治系统以及文化系统；高校的组织属性和组织边界；影响高校目标实现的因素；外界环境因素，主要是指高等教育管理体制。另外，这些影响因素和变量相互影响、相互作用。

根据系统权变理论可知，组织不仅是结构，也是过程，在循环往复的变化模式中，不仅存在改变机构现状的力量，还存在不断循环反复的影响因素，让组织过程更加完整、全面。在变革的过程中，高校行政组织机构不能只局限于内部改革，还应该与外部系统充分合作，改革要素应该与外部环境相匹配。其中，外部影响因素包括高校的属性边界、高校的办学水平和效率以及高等教育管理体制。在系统的反馈下，这些外部因素对高校行政组织机构的内部系统起着不可替代的作用，高校行政组织机构的良性发展应该以恰当的变量反应为基础和前提。

第二节　高校行政管理执行力的战略流程

一、高校行政管理执行力战略目标制定的条件

“随着我国教育体制改革的不断深入，一系列高等教育发展规划相继出台，

高校教育行政管理中执行力的构建逐渐成为高校教育研究的重点课题。”[①]只有精心地进行各项准备，对所研究的问题进行深入了解才能制定出一个完美的战略流程。在战略流程的制定过程中，实践是最重要的，必须通过参与行动的人，这样才能对学校的现有资源以及学校的发展现状进行深刻了解，从而制定适合自己的战略流程。

一个好的战略，一定要注意四个方面：第一，学校的组织能力是否足够，做事能力是否足够；第二，学校要有制订战略计划的能力，要明确课题的重要性，了解本校的情况，了解自己的优势以及劣势，清楚阻碍本校发展的因素，并且解决这一问题；第三，落实工作，提高工作效率，制订长远的工作计划；第四，保证人员流程和战略流程不分离，有充足的人才队伍，从而保证工作的质量和效益。以上四点是学校制定合理的战略目标的前提条件。

二、高校行政管理执行力战略目标的分解测评

将一个学校共同目标分解为部门目标、员工目标和学校目标能够使目标具体化，有其层次和系统，大幅提高目标的实现率。战略的可执行性是战略目标分解的基础。只有充分考虑外部条件，并且学校的行政管理执行力充足，才能保证一项战略的可执行性。高校行政管理执行力战略目标的分解测评具体内容如下：

第一，要清楚战略目标分解的程度。在高校战略目标的分解工作中，联系部分的互补性和职能性，使学校战略分解目标逐渐深入部门、层次和行政管理人员。在这个层层分解的过程中，作为组织一方要承担起相应的责任，要根据各层不同的实际情况制定相应的活动战略。若要提高战略的执行率，必须明确各层的战略目标。

第二，要注重战略目标执行顺序。一旦对战略目标进行分解，各层就要根据自己的实际情况制定不同的目标，并且要确定自身重点的事务和目标的先后顺序，同时也要制定相应的时间安排，从而对工作中的资源配置进行合理化的时间安排。

第三，各部分要对战略任务有一定的理解。各部分在战略目标分解的工作中，必然要和学校以及各部分的领导人员进行沟通，从而得到各部门人员的理解和认同。所以要达成高校的战略目标，各层必须达成共识，从而把学校各层的战略目标执行力转化为共同力量。

---

① 许达升. 高校教育行政管理中执行力的构建 [J]. 福建教育学院学报，2021，22（4）：45.

三、高校行政管理执行力人员统一的价值取向

合作的环境能够直接决定高校行政管理人员的工作能力，这是人与环境的契合问题。其主要内容包括参与者与组织以及参与者与工作岗位的契合。通常而言，契合度决定了参与者能力的集成效应和执行能力，而相同的价值观以及相互信任是这一问题的前提条件，因此，影响战略的一大重要因素是行政管理人员需要具有统一的价值取向。

第三节　高校行政管理执行力的人员流程

一、高校行政管理执行力的职员岗位设置

在人员的流程工作中，有一项基础性的任务，那就是对岗位进行合理设置，这项工作是对人员进行优化配置的前提，也决定着后期的绩效评估工作能否顺利开展。高校只有合理而科学地设置好行政管理工作平台，才能从根本上提高行政管理人员的工作效率，提升学校的办学效益。高校的管理者必须明确本校都应当设置哪些工作岗位，这些岗位上的任职者应当具备怎样的条件和能力，这样才能对各岗位上的人员进行合理安置，也才能有的放矢地选择适当的人才。只有实现了岗位的合理设置，才能通过落实每一个岗位的具体职责来完成高校行政管理工作的基本任务。这样高校全部的人和所有的事都能逐一得到对应，不仅能够令行政管理的各项工作任务得以顺利完成，而且还能够明显提高工作和办事的效率。因此，在设置工作岗位时，需要注意做到以下内容，才能令岗位的设置更加科学与合理：

第一，要充分掌握本校校情，做好岗位设置。先要全面了解和掌握本校的校情，在进行岗位设置时，必须坚持以下原则：要对学校现有的客观实情给予充分尊重，着眼于学校的长远发展，结合学校的具体学科建设特点，考虑学校未来的整体发展方向，确立教职工队伍建设的长短期目标，在此基础上按照实际需要设置岗位，并且对岗位的数量进行合理控制，这样才能通过岗位的设置调动教职工的工作热情和创新精神。因此，负责学校岗位设置的部门以及人员必须要全面、

细致地掌握本校各方面的具体情况，从总体上把握未来高校办学和发展的趋势，把握本校学科建设的目标，对本校所需设置的各种岗位作出准确判断。

第二，根据需要设置本校工作岗位。在设置岗位时，要充分结合本校组织教学的需要。进行科学研究的需要以及开展党组织建设工作的需要；根据本校的实际情况，在主管部门设定的编制范围内科学、合理地设置教职工的结构比例。通常来讲，行政管理人员的占比应为全校总编制的 15% ~ 20%。各校应当根据本校的教学规模、学科类型、教学及科研发展需要，结合教职工的整体现状合理设置岗位。

第三，进一步完善岗位责任制。各高校应尽快建立和完善可操作性强的岗位责任制，以岗位管理为主，以身份管理为辅，令各岗位的工作职责更加清晰，任职条件更加明确，待遇更具吸引力，权利和义务更加合理。

二、高校行政管理执行力的岗位人员配置

在开展人员流程工作的过程中，要针对每个岗位的特点及工作要求，招聘并安排最为匹配的人才，真正做到唯才是用。要做到这一点，首先要制定一套针对学校行政管理工作人员的评估系统，根据评估的结果，不断对人员的配置进行合理化调整，做到人尽其才、唯才是用，令员工和学校共同成长、共同进步。

所以在进行人员配置时，各高校必须坚持以下原则：

第一，坚持能力和级别相对应的原则。每个人所具备的能力水平不同，所处的能级位置也各不相同。要想实现选人用人的科学性和合理性，要保证每个人所具备的能力符合他所在的岗位要求。换句话说，要让任职人员的能级水平与他所处的岗位能级要求相符。因此在配置人员时，既要关注当下的具体情况，又要对未来进行合理规划和预测，要让所选拔的人才既能开展好当下的管理工作，又要保证能够在本职岗位上有所创新和发展，让其个人以及学校能得到发展。

第二，坚持优势定位的原则。优势定位包括两个方面：其一，就行政管理人员自身而言，应当将自己的优势以及特长与工作岗位的要求结合起来，选择能够发挥自身优势的工作岗位；其二，人事部门和主管人员也应当按照个人能力与岗位要求适应原则，结合每个人的特长和实际情况，将其安排到最适合、最能发挥其特长、最有利于个人发展和工作开展的岗位上。

第三，坚持动态调节原则。随着高校不断发展，环境不断变化，高校岗位以及岗位要求也在不断调整，在岗位上任职的人也是会不断发生变化的，高校人事

部门要做到未雨绸缪，随时根据情况变化对人员以及岗位做出调整，做好人才的储备工作，让所有岗位随时都有合适的人选在履行职责。

总而言之，作为高校行政管理人员，必须要具备耐心、细致、勤恳、谨慎的特质，要有足够的热情为学校师生提供服务。

三、高校行政管理执行力的工作绩效管理

绩效管理属于人力资源管理的范畴，呈现出一个系统化的过程。从根本上来看，战略执行本身就是创造实际价值的一个持续性过程，所以高校的发展战略能够取得什么样的绩效，最终取决于行政管理人员的工作热情以及创造精神是否被充分调动起来。学校之所以要对行政管理人员开展绩效考核和管理，目的不仅是要提高个人绩效，更重要的是提高整个学校的绩效，促进学校的发展。

对高校行政管理人员开展绩效评价和管理，是为了帮助他们提升个人能力，对他们所创造的价值进行客观评定。有了定期考核以及评定，能及时发现工作中存在的问题，有效地解决查找到的这些问题。一个能够充分调动成员积极性和创造性的组织，必定有着很强的执行力，而当教职工能够知晓自己的行为将会对学校的发展产生影响，就会产生相应的热情和冲动。所以，各高校要将发展战略进行细化和量化，并融会贯通到教职工的自觉行动中。一旦发现问题，学校以及教职工个人都应当想方设法加以解决，令工作不断得到改进和完善，学校和个人的价值也会同时得以实现。因此，绩效管理具有两方面的作用：一方面是审察和考核行政管理人员的工作情况；另一方面是发掘教职工个人以及团队的潜能，促进个人以及高校的共同进步。为此，在高校绩效管理制度的实施过程中应注意以下内容：

第一，对绩效管理的相关体系进行优化。只有对绩效管理的相关体系加以优化，才能从根本上保证绩效管理工作不出现偏差。要想保证绩效管理体系的科学性和高效性，就要将以下内容纳入该体系中：确定合理化的绩效目标，制定绩效考核的详细标准，收集关于绩效考核的各类信息，对绩效开展考核，开展与绩效考核相关的面谈，开展绩效考核的改进性指导，等等。只有开展好每一个环节的工作，才能使绩效考核工作取得相应成效。

第二，促进执行能力进一步增强。绩效管理执行者首先要准确掌握和理解绩效管理方案，并且具备相应的组织实施能力，这取决于执行者的个人能力以及个人素养。绩效管理执行主体属于执行活动中的重要组织者和实施者，所发挥的作

用十分关键，因为绩效管理的所有要素以及环节都必须通过执行主体产生作用，这些执行主体的能力强弱，决定着绩效管理工作的成与败。因此，做好绩效管理工作，必须全力提升执行主体的执行能力。

第三，要对绩效管理工作实施有效控制。如果绩效管理过程中缺乏有效控制，必然会导致绩效管理工作的失败，所以必须对绩效管理的全过程实行有效控制。一是管理人员要树立起对绩效管理工作进行全程监控的意识，要认识到如果不对绩效管理工作实行有效控制和监督，会导致该项工作偏离正确的方向，再完美的绩效管理方案也只能流于形式。二是要时刻关注执行的过程和出现的问题，做好各方的协调和沟通工作。各种绩效管理的目标和计划都会被落实和分解到具体的部门、岗位和人员中，这时学校领导、部门负责人以及行政管理工作者之间要保持顺畅沟通，及时发现和解决潜在的问题，对教职工和各部门中出现的问题和困难及时给予帮助和解决。三是要完善绩效管理工作的反馈机制。考核结果形成后，要把相关信息第一时间反馈给相关部门和人员，让考核对象了解考核的真实结果，对自己的业绩做到心中有数，然后以听证会的形式，为他们建立起表达诉求和意见的畅通渠道，在此基础上更科学、合理地制定下一期的工作计划和目标，从而有效地发挥绩效管理的作用，不断提高行政管理人员的综合素质和工作能力，提升学校的整体竞争力。

第四，不断提高考核对象参与绩效管理的积极性，令参与度进一步提高。如果能够引导被考核人主动参与到绩效管理的过程中来，那么他们的主人翁意识必然会有所增强，会从过去被动地接受考核，转为积极参与到绩效考核管理中来。不论是确立绩效的具体目标，制订绩效管理的计划，运用考核目标促进工作，还是提出新的考核目标及办法，都需要有教职工的积极参与，只有考核者与考核对象间有了充分的沟通，他们才能理解绩效管理工作的作用，才能达成绩效管理工作的共同目标。

第五，绩效管理不仅要重视个人的成绩考核，而且也应重视团体的绩效成果。作为高校管理者，要针对每个岗位的不同特点和实际需要，将不同能力的人组合起来，发挥各自特长，形成合力。

第四节　高校行政管理执行力的运营流程

一、高校行政管理执行力运营计划的制订流程

“在高校管理运营中，行政管理的执行力是其运行过程中最重要的保障。”① 在运营计划的制订过程中，先要将运营目标确立下来，接下来是制订与之相应的行动计划，其中既包括长期计划，也包括短期目标，要使二者保持应有的平衡，而且还要针对所涉及的领域制订详细计划和应急计划，当各方对此达成共识后，就需要制定更加详细的推行措施，这样才能保证所有人顺利完成各自的工作任务。

第一，确立明确的运营目标。各高校要使所制订的运营计划具有可操作性，首先要明确科学研究目标、社会服务目标、人才培养目标。不仅要制定长期发展的目标，也要确立短期的工作目标。建立长期目标的目的是获得良好的长期运营成效，建立短期目标是为了寻求某一阶段的运营效益。

第二，制订切实可行的行动计划。完整的运营计划应当罗列出本校在年内所需完成的全部项目，具体包括学科研究的详细计划、质量工程的详细计划、人才引进的详细计划等。学校所属各相关部门需要根据各自职能，采取各种措施完成既定任务，实现预定目标。制订行动计划时可以采取不同的方式方法，一方面可以自上而下制订计划，先由学校领导提出本校的运营目标，然后将这些指标层层分解到各部门；另一方面可以自下而上制订计划，学校所属各部门根据以往经验，对工作前景作出预测，然后据此制订本部门的相关行动计划，并汇总到上级部门。这些计划还需要进行反复讨论，直至成为一部适用于全校的行动计划。

第三，制订较为完善的应急方案。有很多不确定的因素都会对高校的整体管理产生影响，高校在执行运营计划时，实际情况与预定计划完全相符的概率非常小。因此，高校运营计划形成后，管理者要认真思考计划实行过程中可能遇到的各种问题和出现的情况，在此基础上制订较为详细的应急方案。

① 郭佳琦 . 新形势下高校行政管理人员执行力提升路径研究 [J]. 魅力中国，2019（5）：229.

二、高校行政管理执行力的资源合理化配置

资源的合理配置，是为了使资源能够得到充分利用。高校资源一般包括所拥有的人力、物力和财力。高校运营水平会受到资源分配合理性的影响，也会受到资源分配效率的影响。因此，要想提升高校的运营水平，要对各项资源进行合理而有效的配置，配置的方式要与既定的战略目标相结合，要把资源配置工作放到高校长远发展的战略高度加以思考。之所以要对资源进行合理化配置，是为了更好地实现高校的战略发展目标。高校可以通过以下步骤对内部资源进行合理化配置：

第一，要详细了解和掌握本校各种可利用资源，其中包括已有的和可以被利用的人力资源、财力资源、物力资源，只有充分了解并掌控这些资源，才能对其进行合理化配置。

第二，根据既定的运营计划，对资源实施优化配置。高校行政管理部门应本着高效、精简、合理的原则进行设置，要使自身管理水平不断提高，保证预算的科学性和合理性，对行政管理相关的支出进行严格控制。预算和资金方面要保证教学工作和科研工作的正常开展，要重点满足教学和科研部门的需要。对现有资源进行配置时，各高校应当从全局出发，对本校的重点学科和特色专业给予倾斜，保证有更多的资源投入其中，充分发挥这些资源的作用，让学校的优势专业以及学科得到更好的发展。因此，要想使高校资源配置更加科学和合理，就要精心布局现有资源在本校各学科以及各部门间的配置。

第三，使资源的实际利用率进一步提高。当高校学科布局确立后，接下来要具体开展学科建设工作。要详细规划师资队伍建设以及学科带头人的培养、基础设施配套升级、学生教育计划确定等。要勇于修正传统教育模式下不合理、不合时宜的要素，将全校的优势资源集中起来，实现共享，更加高效、更加合理、更加有序地将现有资源利用到位。

三、高校行政管理执行力运营计划的控制和评估

高校的日常运行工作称为运营流程。在战略制定的过程中，与之相对应的监督措施也应实行。控制是指用计划方式掌控事态发展，目的是指完成的目标或任务。所有控制系统的统一目的，都是为组织的绩效建立标准和目标。在评价执行和运营流程的发展过程中，可以利用对运营阶段性成果的测试，同时利用所了解

的信息进行综合评价。运营计划的评估工作有利于个人和部门明确自己的职责，并履行承诺。总而言之，评估和控制能够使计划按照目标进行，从而提高组织的执行能力。

第五节　高校行政管理执行力的建设及重构策略

一、完善管理体制

为了确保顺利实施高校的管理措施，提高高校的教育能力，应该以我国高校的行政管理状况为出发点，对行政管理的效率与水平进行强化。建构行政管理体系的时候，还应该重视行政管理体系应该具备科学性，可以从下面两方面展开：

一方面，确保促进高校的长期规划与发展。在行政管理的决策上，应该考虑高校的详细状况，有针对性地建立科学的行政管理体系，提高高校行政执行力。

另一方面，在构建高校行政管理体系的时候，还应该注重优化管理部门。精简的管理部门有利于有关部门工作人员明确自己的目标，提高工作人员的执行力和管理水平。

二、加强管理人员的培训

高校应该持续地提升管理人员的专业素养与文化水平，贯彻“以人为本”的理念，充分发挥管理人员的主观能动性，构建和谐的管理环境。

首先，高校应注重培训管理人员，使行政管理人员拥有现代管理知识和管理技能，并在工作中加以利用。

然后，高校应该加强行政管理人员的职业道德素养教育，增强管理人员责任感。行政管理人员只有用乐观积极的态度工作，才能确保自己能顺利完成任务，从而提高行政管理执行力。

最后，高校应该建立选拔人才的制度，以平等公正为前提，筛选优秀的管理人才，以此提高执行力。

三、建立规章制度

规章制度能够保障落实行政管理措施，有利于行政管理的发展。管理人员在履行职责时必须严格地依据规章制度约束自己的行为。同时，对于管理人员也要实行考核制度，以增强他们的服务观念，提高其行政管理执行力。

四、推动人性化管理

不管是企业还是高校，管理模式都应该人性化。高校要冲破传统教条主义的束缚，让行政管理工作变得更科学、更规范。高校把制度化和人性化的管理模式融合到一起，不仅是一次崭新的探索，还是一种以当代社会为基础的巨大尝试。人性化的管理模式，一方面，能够激发行政工作人员的工作积极性，消除他们的职业倦怠感，还能提高他们的综合素质和专业能力。另一方面，给行政管理人员带来了更多的尊重，拓展了他们的职业发展空间，加强了他们的主人翁观念，能促进开发他们的潜能，还能提高工作人员的责任感，能把实际工作中的很多问题都解决掉。人性化的管理模式在高校中推进，不仅是紧跟时代的体现，还是提升高校行政管理效能的有效方法，应该在高校中推广和应用这种管理模式。

高校在提升行政管理执行力时，应该具备完备的管理系统、精简合理的管理机构、健全的规章制度以及优秀的管理人才。管理团队应该及时地总结经验，努力提升行政管理执行力，进一步提升高校的教学质量与管理能力。

第七章　高校行政管理执行力的保障措施

第一节　高校行政管理执行力的决策水平

在高校行政管理中，决策指明了学校办学（包括人才培养、科学研究、服务社会、传承和创新文化）方向，对学校的发展具有决定性的意义。从根本上说，执行力就是对决策方案理解并组织实施的能力，因此，科学、合理的决策就构成了有效执行及执行力稳步提升的基础和前提。

高校行政管理要实现科学、合理的行政决策，需要贯彻以人为本、民主集中的原则，需要不断提高民主决策的意识和能力，建立健全民主决策的机制，坚持广开言路、广纳信息，科学地制定出适合自身发展的方针、政策。

一、优化决策议题的选择

高校行政管理活动要协调和解决的事务也是一个相对复杂的系统，因此，行政决策研究也必须有系统观念。在选择决策议题时，要准确把握决策内容在整个决策系统中的位置，并认真分析决策方案实施的制约因素，还要科学评估决策方案对各方面利益的影响，及其能否有效协调不同利益群体的关系。这些问题都应当在选择和确定决策议题时认真进行思考，要防止和避免把客观联系的各类问题人为地分割开，在决策过程中不顾议题本身的制约因素和影响作用，孤立、片面地就问题谈论问题。

二、建立决策评估相关制度

决策评估，是指对整个决策过程中各种因果关系以及决策效果进行的评估，它包括决策问题评估、决策目标评估、决策规划评估、决策执行评估和决策结果（决策影响）评估等一系列活动和内容。决策评估不仅可以检验决策的效果、影响，也能够检查组织设施、人员安排、资金筹集等决策执行的条件是否存在以及存在的程度，进而保证决策的执行和预期目标的实现。

对于决策者而言，决策是否达到预期目标（取得成效）是衡量领导绩效的重要指标；对于单位而言，每项决策都关系到现存问题的解决和未来的发展；对于群众而言，任何一项决策都会影响到他们的生活和切身利益。因此，要提高行政决策的科学化水平，就必须建立以目标评估为导向，以结果评估为关键的系统、完善的决策评估制度。

三、提升行政决策的民主化水平

（一）保证师生员工参与决策的权利

让人民群众参与决策既是决策民主化的本质要求，也是使决策科学化的保障。为此，就高校而言，就要通过建立健全教代会、学生团体、专家团体的听证、咨询、信访等决策参与制度和机制，让师生、员工充分表达真实的利益诉求、发展愿望，享有对决策问题、决策目标的建议权和讨论权，对决策过程、决策规划、决策执行的知情权和监督权，以及对决策效果的评估权。决策民主化就是要广开言路、聚集民智。

一般而言，学校重大事项的决策通常会触及群众（教职工和学生）的重大利益和学校的未来发展，具有广泛的群众性和很强的专业性。就群众意愿的把握而言，决策者不仅要通过举行教代会、学生团体听证会、征集提案等方式广泛汇集意见和建议，而且通常还需要做耐心细致的交流、说服工作，让广大群众充分理解和乐意接受学校长远发展的行政决策意图。

就决策的专业性而言，学校行政领导一定要有管理者并不都是特定决策内容方面的专家的意识，因此，重大事项的决策应充分咨询相关专家和团体的意见，对决策事项的合法性、合理性和可行性以及可能出现的社会反应进行专业化的论证和评估。在广聚民意的过程中，决策者特别要做到勇于听取群众和专家的不同意见甚至是批评意见，这可以使决策分析更加深刻、更加周密，进而从源头上尽量避免重大的决策性失误。

（二）优化决策中枢的智能结构体系

民主集中制要求贯彻和实施集体领导，其优势在于能够实现决策中枢领导成员间知识、经验和能力的优势互补，形成扬长避短、相互配合协调、同舟共济、共谋发展的决策局面，从而产生 1+1 ＞ 2 的良性效应，这就是决策中枢智能结构的科学优化。

由此可见，独断决策极不利于发挥领导成员各自的智能，反而会造成其他成员人浮于事，甚至会挫伤领导成员的责任心和积极性，进而容易导致盲目决策。另外，决策中枢智能结构优势互补的基础和前提，就是允许甚至鼓励领导成员间知识结构、经验、能力倾向各有不同、互补平衡。就决策水平而言，知识结构、经验、能力倾向同质化的领导集体是很难甚至是不会有创新和发展的。需要特别注意的是，必须根据高校行管理的职能和任务及其对知识结构、经验、能力的要求，合理配置作为决策中枢的领导团体成员，并进行相对分工，尽可能避免管理人员配置的随意性。

决策中枢要有合理的经验结构。从表现上来看，似乎传统社会需要的是经验型的领导，而现代社会则需要创意型的领导，但实际上，由于社会总是处于不断变化的过程中，任何时期都会有新的问题出现，而历史和现实之间也总是有无法割断的连续性。因此，就管理决策而言，任何时期、任何时代都既需要经验，也需要创新。决策活动表面是一种有目的的规划活动，但本质上它却与实践及其经验积累密不可分：就大的方面而言，每一项决策都要面对历史上社会实践沉积下来的问题和经验；从决策者个人来看，科学、稳妥的决策也需要经验的积累和升华的过程。决策中枢经验结构的优化，需要经验丰富的领导，这可以让决策过程“以史为鉴”，使决策规划稳妥扎实。

另外，决策中枢要有合理的能力结构。知识属于认识的范畴，而能力则属于实践的领域，掌握知识是一种能力，但知识并不等于能力，能力也不是简单的知识积累。就能力而言，领导都应该具有综合的素质和能力，但由于个人的潜能不同、阅历不一样，领导者个体的能力倾向也通常不尽相同。这就决定了作为决策中枢的领导团体内部要有很好的能力搭配，也要有稳重务实、善于组织协调的干部。一般而言，理想的状态是决策时先由想象力型的领导提出大胆的创造性设想，再由推理型的领导既有创意又比较稳妥、周全的决策。

第二节　高校行政管理执行力的内部运行机制

高校行政管理执行力内部机制的建立健全及其运行效率的提升，是整个高校行政执行力组织执行的保障和基础。其内部运行机制主要包括执行机制、监察机制、绩效考核机制三个主要环节，只有建立健全这三个环节的行政运行长效机制，并根据工作的实际需要不断完善和创新，才能实现以明确的方式来管理人、激励人，进而取得更好的行政管理执行效果。现就高校执行力内部运行机制存在的问题及优化进行研究和探讨。

一、高校行政管理执行力内部运行机制存在的问题

随着我国高等教育的发展和改革的深入，高校行政管理执行力内部机制构建与运行过程中出现的问题也逐渐开始暴露，现有高校学科组织结构的制约与障碍作用逐渐明显。现行的高校行政管理执行力内部运行机制主要存在以下问题：

第一，行政管理部门设置的级别不能适应高校发展，需要按照高校的战略目标进行重新整合。

第二，高校内部管理的行政权力没有很好地明确，各组织之间配合也不够默契。

第三，各种分类指挥和监督激励政策不到位。

二、高校行政管理执行力的内部运行机制优化建议

（一）优化行政组织结构体系

第一，按学术组织（权力）、群众组织（权力）与行政组织（权力）目标相一致、关系相协调的原则构建组织结构体系。高等学校是由各种学科、专业和不同形式的群众组织（如教代会、学生社团等）、不同层次的行政组织组成的复杂系统，具有学术组织（权力）、群众组织（权力）和行政组织（权力）三重结构。构建科学合理的学术、群众、行政三者协调的组织结构体系，既应科学合理地设置行政管理机构、明确管理职责，负责学校内部的行政管理并协调与社会的联系，增强学校组织的有序性以及与外界的互动；同时，还应根据有关规定，结合学校的实际完善学术机构、教代会及学生社团的建设工作，发挥学术组织管理学术事务的职能，促进教代会和学生社团分别在党、团组织的指导下独立开展工作并发挥维权和教育的职能。

第二，按功能完整、运转高效的原则设置职能机构。组织结构是实现组织职能的载体，组织职能在行政管理的各个层次间既不应脱节，也不应重叠，职能机构的设置应围绕高校办学的基本职能、核心工作来突出重点职能，既要做到职能

机构体系完整，又要坚持精简、高效的原则。其中，尤其重要的是要突出学院一级的管理职能，重视学院这一级办学单位组织机构的建设，促进学院在履行学科和专业发展规划及建设、教师队伍建设和岗位考核、人才培养、科学研究和科技开发、服务社会、传承和创新文化等职能中的主体作用。

（二）建立健全内部运行机制

第一，完善教师激励机制，构建上下一体的利益共建机制。学校的发展要以全体教师的意愿与既定的规划为出发点，一切工作都以学校的发展为核心。但在进行组织与设计时，要充分考虑校情、学情、师情，要有利于调动广大教职员工的工作积极性、主动性，要充分考虑他们的感受，让教职员工有归属感和幸福感，让整个团体产生亲和力和凝聚力。最为关键的是，要尽可能地让学校上下形成共同愿景，构建利益共建和利益共享机制。同时，要将执行能力与利益挂钩，突出绩效，实行具有竞争力的薪酬体系和激励机制，推出奖罚分明的激励措施。要整合现有资源，实行协议工资与业绩奖励并行的制度，激励教师为提升学校水平多做贡献。

第二，建立健全科学有效、上下一体、透明公开的监督机制。根据权责统一的原则，高等学校行政管理权和执行权的行使者在行使权力的时候，如果存在滥用职权，或者因权力运行不当造成执行不力、执行走样、执行延误、执行梗阻，无论是谁，无论是哪一个层级的机构，一旦确定了问责主体和客体，毫无疑问都应当承担相应的责任。另外，高校行政监督机制，在规范问责程序和方式的运行各过程中，还要遵循透明、公开的监督原则。

第三，形成有效的执行主体培养培育机制，培育优秀的执行主体。执行主体是执行活动的基本因素和执行力量的重要来源，执行力的其他一切要素，包括组织结构、制度、资源、技术等，都必须通过执行主体才能发挥作用。因此，行政管理执行主体在行政管理运行中发挥着核心作用，执行主体综合素质的提升以及优秀执行主体的培育，是促进高校行政管理执行力稳步提升的主要途径。

总而言之，执行主体综合素质的提升和优秀执行主体的培养，首先，要正确看待和处理德与才的关系，坚持以德为首、德才兼备的选才标准；其次，要正确看待和处理管理能力与学术水平的关系，尤其是对中高层管理人员的选拔和任用，既应注重其管理经验、治校能力，又应兼顾其治学经验和学术水平。另外，要优化执行主体的组织结构，增强行政管理执行的合力。领导团体的构建和调整，不仅要以重视班子成员个人的素质和能力为原则，而且更应该重视干部之间的智能搭配，这样才能实现行政管理执行组织结构的优化组合，从而增强领导团体、管理执行机构的整体合力。

第三节　高校行政管理执行力的主体素质提升

“高校行政管理是高校治理的重要内容，行政管理效能的高低直接影响高校职能的发挥。”① 高校行政管理执行主体素质的提升，有赖于执行主体选拔机制的建立、执行主体素质的培养、执行力文化的打造等。根据高校行政体制和高校行政管理执行主体的特殊性，高层管理者和中层管理者的素质提升途径要各有侧重。

一、建立健全执行主体的选拔管理机制

建立一支强有力的领导管理队伍，是强化执行力的根本保证。在更大范围内选拔任用执行主体，在更广阔的视野中整合开发高校执行主体的人力资源，层层筛选策划能力、执行能力强的人作为提拔对象，就成为提升执行力主体素质的重要途径。

因此，一方面在招聘过程中，在选用人才时，要贯彻公平、公正、公开的原则，要强调人岗适应，挑选具备较强执行技能的员工；另一方面，在招聘过程中要挑选具备较强执行技能的员工，从基层起逐级提升执行力，对工作能力强的教师要加以培养，委以重任。

二、加强对执行主体素质的培训和培养

随着高等教育的发展，高校所面临的问题日益复杂化，因而对高校行政管理执行主体的素质和能力也提出了多元化的素质整合要求，具体内容如下：

第一，在思想素质方面，执行者要具有高度的敬业精神，热爱高教行政管理工作，有着高度的责任心、纪律性以及执行工作的主动性、积极性等素质。

第二，高校执行者还必须具备某些职业技能，必须具有执行工作所需具备的理论思想、技术、方法甚至管理艺术等。如服务行政思想战略管理思想、较

① 林杨芳 . 治理视域下高校行政管理效能提升初探——以福建省三所地方院校为例 [J]. 武夷学院学报，2021，40（4）：102.

强的社会活动交际能力以及执行过程中所需要的信息技术、经济手段和法律手段等。

第三，高校行政管理的各级执行主体要应对新形势的更高要求，就需要建立相应的工作机制。建立学习型执行力主体团队是组织创新、增强执行力的一种有效方式。各级执行主体通过组织创新的参与过程，不断获取有用的知识，从而使个体间知识通过融合碰撞形成新的知识资源。在建立学习型执行主体团队的过程中，主体通过系统思考、超越自我、改善心智模式和团队学习等能够发展多方面的能力，进而为主体的自我更新和自我素质的提升创造条件，从而最终实现提高高校行政管理执行力的目的。

第四，要强化教育培训，提高综合素质。一方面，高校各级行政管理执行主体人员要树立终身学习的理念，加强政治理论和业务知识的学习，不断增强自身素质，提高履行工作职责的能力；另一方面，各级组织和部门要加大教育培训力度，主要是在组织内部进行持续的职业化训练，不断提高工作人员的政治、业务素质和工作能力。执行技能培训的目标就是提升执行主体的执行力。同时要把工作人员参加培训的情况作为考核和奖惩的依据，提高工作人员参加培训的积极性、主动性。

三、打造出积极有效的执行力文化氛围

高校行政管理执行主体的素质是高校行政管理执行力组成架构的重要组成部分，对构建高校行政管理执行力具有重大意义。

对高校而言，要想提高行政管理执行主体的素质，营造一种开放沟通、讲究执行的速度、质量和纪律，以及注重执行效益的执行文化氛围是必要的。因为执行力文化在主观的层面上给予了执行主体保持执行力的强有力的思想指引和心理暗示，为保持行政主体执行力及素质的提高，提供了潜在的文化思想动力，以至形成认同感和凝聚力。

总而言之，要将高校的战略定位、办学理念、文化氛围贯彻落实到每一个执行主体的心中，使得整个执行力团队形成思想上的认同，从而形成高校行政管理团队整体的和同一的价值取向，以思想上对执行文化的认同来作为各级执行力主体行动上执行的保证。

第四节　高校行政管理执行力提升的具体措施

高校行政管理人员要充分发挥自身职能和作用，科学、有效地对学校内部各项工作进行协调和统筹，为学校营造更加和谐、积极的氛围，从整体上保障高校教育教学水平的提升，“良好的执行力效率能够提升高校行政部门的效率，推动其质量提升和科学发展”①。

一、高校行政管理人员执行力建设的新需要

教育改革之后，教育迎来了新的发展形势。与此同时，教育也面临一定的挑战，高校要承担更大的职责，要肩负更大的使命。目前，高校行政管理需要具备以下几方面的执行力：

第一，新时代提出了新的教育发展需求，社会强调教育优先发展。只有教育发展，国家才可以占据更多的优势，争取更多的先机。所以，高校管理人员要发挥自身的领跑能力，彰显自身的领先素质。

第二，我国教育的根本目标是立德树人。因此，高校必须承担人才培养的职责和使命。我国要想成为教育强国，高校必须及时更新自己的教育理念，这样，才能满足国家在教育方面做大做强的需要。高校行政管理人员必须提升自身的能力，主动学习新理念，贯彻落实新理念。

第三，当今社会对高等教育提出了前所未有的发展需要，国家非常渴求掌握科学技术、懂得科学技术的人才。

第四，作为高校的行政管理人员，理解能力必须达到较高的水平，必须能够正确快速精准地推进教育政策和方针。

二、高校行政管理执行力提升的重要意义

（一）提高高校行政管理工作质量

从高校管理工作的角度来看，行政管理工作是至关重要的一部分，从学校的

---

① 李妍 . 试论提高“双一流”高校行政管理执行力 [J]. 管理学家，2020（14）：3.

行政管理水平可以看出学校在工作部署、战略决策、具体执行操作等方面的水平。在行政管理理念推陈出新的情况下，高校也应该更新行政管理系统，也应该培养行政管理队伍，提高行政管理者的意识和能力水平。

我国高校数量越来越多，高校规模越来越大。在高校工作越来越多的情况下，行政管理人员也要面临更复杂的工作内容。所以，行政管理人员能力的提升至关重要，直接影响到学校行政管理工作的展开。

（二）增强行政管理工作者认知

分析目前的教育发展形势，可以发现教育理念推陈出新，学生思想也发生了巨大的变化，所以，综合来看，学校管理面临较大的挑战。学校想要击破这些挑战，必须提高自身在行政管理方面的水平，必须加大对行政执行力的了解和认知，必须改变和创新当下的行政管理模式。只有行政管理人员认知普遍提升，行政管理工作才能更好开展。

三、高校行政管理执行力提升的有效对策

（一）建立科学管理机制

高校为了有效推进行政管理工作，应该结合学校本身的情况设计出适合的管理制度。

第一，高校需要明确各项管理工作细则，并且将责任落实到每一个行政管理人员的头上，保证工作清晰有效开展和稳定有序进行。高校应该科学管理行政人员，细化管理，管理的精细能有效提升管理效率、工作效率。

第二，建立并且优化行政问责机制。作为高校的行政管理执行者，在具有管理权力的同时，也应该承担管理责任，而且权力越大，要承担的职责就越大。学校必须建立行政问责机制，将具体的责任落实到具体的行政管理执行者头上。而且为了保证权力和职责之间的对应，为了保证执行者可以恪尽职守，学校必须设置惩罚机制、晋升机制、激励机制。高校可以将个人的晋升、个人待遇和个人的岗位执行情况联系在一起。高校建立的问责机制必须平等地对待所有人，也必须覆盖所有人，不得有例外情况和特殊情况。问责机制当中应该明确问责主体、问责客体、问责的具体事由以及问责的后果。

第三，建立激励机制。激励机制是行政管理执行者形成工作热情的基础，特别是在现代社会，高校之间有更激烈的人才竞争。高校如果想要吸引优质人才，那么必须制定有效的激励机制。激励机制能够激发教职人员对工作的积极性和主

动性。高校应该为教职人员提供物质和荣誉两方面的激励。在设置激励机制的时候，高校应该考虑到教师的真正需求，这样激励机制才能有效发挥作用。

（二）优化行政管理水平

高校行政管理水平的提升在一定程度上需要依赖管理人员专业素质的提升。学校应该注重对行政管理人员的培训，通过培训，管理人员素质可以有效提高，学校管理工作的开展会更顺利。行政管理人员除了依托学校的培训之外，也应该在日常工作中注重自身专业素质的提升，也应该紧跟时代发展学习新的管理理念，不断提高自身的工作应变能力，保证自己可以从容应对工作当中的各种情况。

行政管理工作如果能够保证稳定有序，那么，其他管理工作的开展也会更加顺利。行政管理人员在平时的工作过程中，应该注重经验的积累，行政管理人员可以不断地考察学校的实际发展需要，以此来调整学校的行政管理模式。高校领导要带头重视学校的行政管理工作，强调行政管理工作的重要性，及时更新管理政策，并且建立专门的管理团队负责学校的行政管理工作。行政管理工作的良好开展可以让学校的教职员工和学生感受到更好的服务。

（三）加强团队合作意识

行政管理工作的有效开展需要学校的行政管理工作人员形成统一的认知，有相同的思想意识，只有学校所有的行政管理工作者都更新了管理理念，学校的各项管理工作才能更稳定更有序地推进。领导者必须先转变自身的想法。高校领导者可以积极借鉴其他学校行政管理改革方面的成功经验，率先参与、率先加入到行政管理的创新队伍当中，带头制定和完善监督评价机制。高校管理干部必须关注基层工作，必须落实管理责任。除了管理者、领导者之外，学校的行政管理人员也需要及时更新理念，使用全新的管理制度和方式，并且将管理理念管理方式真正地贯彻落实到工作执行过程中。在学习新的理念、新的方法的过程中，工作人员自身的专业素养也会有所提升。也就是说，高校通过行政管理改革促进自身发展的同时，也提高了工作人员的专业素质。

团队获得成功依赖所有人的共同努力，行政管理团队想要取得管理方面的成功，也需要所有团队成员共同努力。团队成员应该提升自己的团队责任感，及时地帮助他人，积极合作，顺利推进管理工作。团队工作过程中，所有成员都应该明确自身的工作内容，完成自己的工作任务。与此同时，成员之间还要注重沟通，还要相互评价，这样，所有的成员才能及时地意识到自己的不足之处，并且加以改进。在相互合作、相互帮助的过程中，不仅团队能够获得好的工作成效，所有的团队成员的素养能力也能有效提升。

（四）建立健全决策机制

决策机制的建立健全是高校行政管理获得成效的重点。高校领导以及各个行政部门需要考虑学校的实际需要，科学地制定决策，学校也应该在整体层面确定出适合学校的科学决策机制。机制是行政管理执行力提升的重要前提，建立健全决策机制需要关注以下内容：

1．制定合理的管理目标

学校管理者和各个行政部门要考虑学校实际发展需要确定教学目标、管理目标，并且在管理的过程中始终以目标为中心、为准则，对教育教学的各个方面展开创新和改革。确定管理目标的时候，必须考虑到学校内部发展需要以及学校所面临的外部环境，这样，目标才能发挥作用，才能指导学校更好地发展。

2．秉持人本化管理原则

高校管理必须做到以人为本，必须在管理当中体现出民主意识，所有的行政管理活动都必须遵循学校教职工及学生的意愿，学校应该制定各种各样的机制，为师生参与学校管理提供途径。学校应该畅通信息反馈渠道，了解并且接纳师生的合理建议。

3．建立完善的问责制度

高校行政部门应该与时俱进，优化完善学校的问责制度，如果管理人员在管理学校的过程中出现了过失，那么学校必须根据问责制度，严格追责，这样学校各项决策的制定才能规范有序，管理人员才不会滥用职权。

（五）完善监督管理机制

监督机制是高校各个部门执行政策的有效外在保障。所以，高校需要根据学校实际发展需要建立健全监督机制，高校行政部门应该加强对学校管理工作执行情况的考察、监督和评价，以此来保证学校各个部门可以有效落实学校政策。具体来讲，完善健全的监督管理机制应该涉及以下内容：

第一，高校行政部门应该从整体角度规划任务如何完成，规划好任务的完成过程能够有效提升行政管理人员的执行力，能够从整体角度出发掌控任务的推进程度，也能够对比任务的实际推进程度和预期之间的差距。

第二，学校应该关注档案管理。档案可以记录实践过程，记录学校的建设发展过程，所以，学校在发展的过程中需要额外关注档案管理工作。学校可以将自身发展过程当中的行政管理工作使用纸质文件或者电子文件方式记录下来，并且对行政管理工作进行评价。学校行政管理工作相关信息数据的完整记录、完整储存有助于学校后续对行政管理工作进行验证，分析判断哪方面还需要着重提升。与此同时，档案管理当中记录的信息也能够在监督行政管理执行力方面发挥有效作用。

第三，学校要丰富监督途径。学校监督工作的开展不能仅仅依赖纪律检查机关，学校也要在内部开展廉政建设，积极推行民主理念，为教职工和学生意见的表达提供公开有效的渠道。在全体师生和纪律检查机关的共同监督下，学校行政管理执行力水平将会有效提升，学校也能综合各方意见更好地作出发展方面的决策。

（六）营造良好的执行力文化氛围

学校当中浓郁的文化氛围可以在很大程度上激发行政管理工作人员的主动性和积极性，使他们形成高涨的工作热情。高校一般情况下都经历了较长的发展时期，积累了很多与学校发展观念相符的文化理念。执行力文化是与执行力有关的校园文化，是执行力发展的最终目标。执行力文化有助于人们的思维发展，也能够规范人们的行为，还能够加强学校师生、教职人员的整体凝聚力。如果执行力得到了有效发展，那么执行力的相关文化内涵就会贯彻落实到行政管理执行者的行为当中，良好的执行力文化能有效约束执行者的行为，使其加强自我管理。

良好执行力文化氛围的构建和营造需要涉及以下内容：

第一，为人才招聘打造优质环境。高校必须遵循公开公正公平的原则招聘人才，人才招聘之后，也必须对人才公平地培养。高校在招聘人才时，应该优中选优，并且最大限度地让人才和职位需求匹配，这样，人才才可能在岗位上更好地发挥作用。

第二，高校应该为人才调岗提供优质环境。高校如果发现新人和就职岗位之间不匹配，那么，应该尽可能地调整新人的任职岗位，让人才可以在适合的岗位上发挥效用，这样，人才价值才能最大限度地凸显，岗位工作才能够顺利地开展。

第三，高校应该借助宣传的方式为管理营造良好的氛围。如果工作氛围是和谐的、舒适的，那么，工作的开展也会事半功倍。具体来讲：首先，学校要注重宣传，让教职人员、学生可以更加了解学校的行政管理体制、管理机构，教职人员及学生更了解学校管理机制、管理制度能在一定程度上减少行政人员执行工作过程中所遇到的阻力。其次，学校制定的管理机制必须符合学校的实际发展需要，而且学校要注重管理机制的完善，管理机制必须与时俱进，这样，管理机制才能发挥有效作用。再次，学校要注重管理机制的创新和改革，管理机制必须适应教育政策的发展需要，必须符合社会形势的发展需要，必须有助于行政管理人员的成长。最后，高校必须正确处理发展过程中遇到的问题，必须有直面问题的勇气，必须正视学校发展的不足之处，着力解决问题。除此之外，学校还要注重内部监督机制和外部监督机制之间的配合。

第四，提高行政管理人员对工作的责任感、职责感。学校在打造执行力文化的过程中，要加强对管理人员的培养，提升他们的责任感。举例来说，学校可以举办教育活动、培训活动、演讲活动，引导管理者了解自身的岗位职责，全面认识岗位职责。在管理者对自身职责有清晰的认知之后，就能够正确看待自身职位和学校发展之间的紧密联系，在开展工作的过程中，也能够将自己的行为和学校发展更紧密地结合。学校是为国家培养人才的重要阵地，学校的行政管理人员必须有强烈的责任感、职责感，素质必须过硬，这样，才能为学生树立正确的榜样，才能培养学生形成正确的价值观念。

（七）加强行政管理理论的学习

社会快速发展，高校之间的竞争也越来越激烈，高校在竞争当中胜出的关键在于学校的综合办学能力。学校只有加强队伍建设，创新教学方法，培训行政管理人员，才可能提升自身的综合办学能力，才可能在面临复杂问题的时候正确分析问题、正确处理问题。

行政管理人员掌握正确行政管理理论的情况下，可以更好、更有效地和其他部门沟通，可以极大地提高工作效率。与此同时，行政管理人员也能够创新性地、前瞻性地看待行政管理工作，能够积极思考，积极创新，助推学校行政管理工作向更高的层次发展。

综合来看，高校需要依赖行政管理工作保证高校发展的稳定有序，高校必须关注行政管理工作，必须提升行政管理执行力，必须持续创新。这样，高校行政管理执行力建设才能达到更高的层次。

参考文献

[1] 马腾 . 行政管理学研究的社会方法探讨 [J]. 东方企业文化，2015（24）：208.

[2] 张峰玮 . 浅谈学习型组织理论在高校行政管理队伍建设中的应用 [J]. 科学咨询，2020（37）：84.

[3] 黄新 . 信息时代的高校行政管理研究 [J]. 公关世界，2022（6）：72.

[4] 范雅君 . 高校行政管理存在的问题及对策 [J]. 统计与管理，2014（11）：106.

[5] 梁煜 . 高校行政管理执行力的提升路径研究 [J]. 福建茶叶，2019，41（9）：145.

[6] 冯丹 . 高校行政管理执行力的提升途径选择及探索 [J]. 管理观察，2016（22）：130.

[7] 李毅 . 行政管理本质新探——基于对“理”和“利”的思考 [J]. 现代经济信息，2016（24）：125.

[8] 王辉 . 大数据环境下中小型高校行政管理平台的设计与实现 [J]. 网络安全技术与应用，2017（11）：103.

[9] 于杰 . 影响高校行政管理有效性的因素及改进对策 [J]. 山西青年，2022（2）：169.

[10] 李世荣 . 探究我国乡镇行政管理体制改革的方向及对策 [J]. 中外交流，2017（45）：23.

[11] 崔志林，赵浩隼 . 浅谈高校中层管理者执行力存在的困境与对策 [J]. 辽宁行政学院学报，2012（4）：119.

[12] 冯伟彬，肖艳莉，冯立刚 . 内部控制视角下高校财务治理探究 [J]. 财会学习，2021（33）：49.

[13] 刘治国 . 提升高校执行力的几点思考 [J]. 湖北教育（领导科学论坛），

2011（2）：12.

[14] 贾鹏 . 分析高校行政管理执行力建设的伦理思考 [J]. 中国科技投资，2017（20）：345.

[15] 许达升 . 高校教育行政管理中执行力的构建 [J]. 福建教育学院学报，2021，22（4）：45.

[16] 郭佳琦 . 新形势下高校行政管理人员执行力提升路径研究 [J]. 魅力中国，2019（5）：229.

[17] 林杨芳 . 治理视域下高校行政管理效能提升初探——以福建省三所地方院校为例 [J]. 武夷学院学报，2021，40（4）：102.

[18] 李妍 . 试论提高“双一流”高校行政管理执行力 [J]. 管理学家，2020（14）：3.

[19] 闫玲 . 新时代高校人力资源管理研究 [J]. 高校后勤研究，2022（4）：68.

[20] 姜威，王思迪 . 提升高校行政管理执行力的策略 [J]. 长江丛刊，2018（21）：175.

[21] 李涓 . 如何有效激励科研院所行政管理人员 [J]. 人力资源，2021（4）：144.

[22] 孙伟 . 互联网背景下高校行政管理的创新研究 [J]. 现代经济信息，2019（2）：29.

[23] 高芳，杨继 . 信息化背景下的高校行政管理创新研究 [J]. 无线互联科技，2020，17（20）：30.

[24] 林杨芳 . 高校行政管理创新研究 [J]. 开封教育学院学报，2015，35（10）：150.

[25] 肖良 . 高校行政管理创新研究 [J]. 大众文艺，2018（23）：225.

[26] 张诗淇 . 新时期高校行政管理工作模式创新研究 [J]. 办公室业务，2022（17）：13.

[27] 潘石瑛 . 基于 PDCA 循环管理的高校行政管理创新研究 [J]. 经营管理者，2015（17）：228.

[28] 马传良 . 新时期高校行政管理工作的创新研究 [J]. 记者观察，2018（15）：55.

[29] 黄俊耀 . 高校行政管理现状分析及创新方案研究 [J]. 才智，2015（13）：259.

[30] 金丽荣 . 高校办公室行政管理思路的创新与对策研究 [J]. 产业与科技论坛，2020，19（23）：281.

[31] 张陆 . 新形势下高校行政管理体制创新研究 [J]. 行政事业资产与财务，2019（14）：34.

[32] 王榕 . 数字时代高校行政管理信息化建设的创新研究 [J]. 经贸实践，2017（12）：232.